Domination technologique et perspectives de libération chez Herbert Marcuse

Ouverture philosophique

Collection dirigée par, Dominique Chateau, Jean-Marc Lachaud et Bruno Péquignot

Une collection d'ouvrages qui se propose d'accueillir des travaux originaux sans exclusive d'écoles ou de thématiques.

Il s'agit de favoriser la confrontation de recherches et des réflexions, qu'elles soient le fait de philosophes « professionnels » ou non. On n'y confondra donc pas la philosophie avec une discipline académique ; elle est réputée être le fait de tous ceux qu'habite la passion de penser, qu'ils soient professeurs de philosophie, spécialistes des sciences humaines, sociales ou naturelles, ou… polisseurs de verres de lunettes astronomiques.

Dernières parutions

Pierre-André HUGLO, *Essais de réalisme minimal. Relations, formes, singuliers*, 2018.

Miguel ESPINOZA, *La matière éternelle et ses harmonies éphémères*, 2017.

Dalia FARAH, *L'Amour : voie du bonheur chez Jean Guitton,* 2017.

Robert B. CARLISLE, *La couronne offerte, Le saint-simonisme et la doctrine de l'espérance,* Traduit de l'anglais par René Boissel, 2017.

Jean-Pierre Emmanuel JOUARD, *Passion de la pensée, Lecture de Heidegger,* 2017.

Amélie BALAZUT, *Heidegger et l'essence de la poésie*, 2017.

Jean-Alexis AGUMA ASIMA, *Le mécanisme. Langage, théorie, philosophie. Étude critique*, 2017.

Michèle AUMONT, *La trilogie des plus larges horizons qui soient et qui puissent être, Comment ? Pourquoi ? Et vers quoi ?*, 2017.

Auguste NSONSISSA, *La dynamique de la nature, Étude sur le thème du vide dans l'histoire de la philosophie des sciences*, 2017.

Amara SALIFOU

Domination technologique et perspectives de libération chez Herbert Marcuse

Préface de Yao-Edmond Kouassi

L'Harmattan

5-7, rue de l'École-Polytechnique, 75005 Paris
http://www.editions-harmattan.fr
ISBN : 978-2-343-13415-4
EAN : 9782343134154

Merci à mon Maître, Professeur Lazare Marcelin Poamé Professeur Yao-Edmond Kouassi, Professeur Henri Bah, Professeur Ludovic Fié Doh, amis et Maîtres.
À mon père Sylla Souhalio,
Mes mères, Tehoua Adjoua Madeleine et Tehoua Assibié Joséphine
Ma femme, Kabran Linda Christelle et mes enfants Christ, Merry, Archange
L'Académicien-Expert Comptable, Edi René
Mme Eugénie Kodehi Bouadi, la grande sœur
Dr Koné Amidou, Dr Tato Bernard pour les corrections
Mes amis et frères traducteurs Synzi Dadié et sa femme, Achille N'guessan et son épouse Mireille, Traoré Arouna et Bethuel Pregnon

SOMMAIRE

PRÉFACE

« (…) Il nous faut commencer par dépoussiérer les convictions sur lesquelles nous avons, dans un héritage conceptuel, pu bâtir notre vision du monde. Les réflexions de Hegel, Marx, Freud et celles des critiques contre la philosophie de Marcuse, ont justement permis de décortiquer toutes les entraves qui renforcent le maintien du statu quo tout comme l'obstination à ne pas comprendre que notre monde technicisé est tout sauf celui d'offrir toute sa place au mérite de l'individu. (…) Marcuse nous invite à ce nouvel horizon » où donc le mérite individuel peut prendre corps.

Ces lignes de Salifou Amara sont tirées du chapitre 2 de son ouvrage *Domination technologique et perspectives de libération chez Marcuse, à la* page 90. Nous les reprenons pour ce qu'elles font sens avec la ligne de tirs groupés des auteurs qui tentent, depuis Marcuse, avec des fortunes diverses, sinon de réduire, du moins de prendre en charge et en chasse les avatars unidimensionnels tant de la politique que la technique concurremment à un retrait désastreux de la pensée critique au sein de la majorité de nos contemporains.

Michel Foucault fait partie de ces auteurs pro-marcusiens, même si ce dernier devait s'en défendre de l'être s'il était encore parmi nous, qui prolongent le questionnement sur l'unité de la dualité politique et technique qu'il faut disjoindre au profit non seulement de la politique, mais aussi et surtout de l'éthique ; celle qui se reflète dans la sagesse des anciens, à savoir l'éthique des vertus.

Cependant, avec l'auteur de *Domination technologique et perspectives de libération chez Marcuse,* les points de passage vers la libération ne touchent pas à Michel Foucault, défenseur de l'éthique des individus, encore moins à Aristote, promoteur de l'éthique des vertus. La place est ici occupée par Hegel, Marx et Freud, en plus de Marcuse lui-même (chapitre I). Que recherche Salifou Amara, en plus de vouloir une philosophie critique pour une société transformée et libérée (chapitre III) de la domination technicienne (chapitre I) ?

Faut-il rappeler ce que laisse entendre à ce sujet l'auteur lui-même ? « Nous rechercherons, écrit-il, dans l'œuvre de Marcuse, les raisons de l'inéluctable changement au sein de la société technicienne à travers la fonction transformatrice de la philosophie critique pour une société harmonieuse au cœur de toutes les possibilités intellectuelles, sociales et professionnelles… ».

La philosophie, en son expression critique, est appelée à jouer au moins deux rôles en tant qu'outil d'analyse et en tant que technique de transformation positive et harmonieuse de la société bouleversée, défigurée, dévastée… Par la technique. Il apparaît clairement avec Salifou Amara que la philosophie n'est en rien révisée dans ses possibilités transformatrices, après l'appel de Jürgen Habermas, notamment dans *Morale et communication : conscience morale et activité communicationnelle* (1986) à la modestie des philosophes pour que ces derniers reconsidèrent leur position de surplomb par rapport aux autres disciplines et aux défis du monde moderne avancé. Cet appel signifie l'abandon d'une certaine perception herculéenne du philosophe critique, du critique tout court, pris lui-même, l'on l'oublie souvent, dans les rets des misères de la philosophie. Dire les choses ainsi, c'est bien plus dévoiler la tension qui traverse l'ouvrage et qui fonde dans le secret le mérite de Salifou Amara. Il donne à lire un texte ouvert…

Et, en ce qu'il est ouvert, l'ouvrage de Salifou Amara peut bien être élevé à l'échelon des pensées critiques de la technique dont la plus éclatante constellation est fournie aujourd'hui par Andrew Feenberg, auteur de *Pour une théorie critique de la technique,* traduit de l'anglais par Michel Calon et publié aux éditions Lux-Humanités au Québec en 2014. L'un et l'autre comprennent « la théorie critique de la technique comme une théorie critique de la modernité ayant une dimension normative, laquelle appartient, cette dimension normative s'entend, à une tradition de pensée où est analysé le progrès comme un processus contradictoire : « Une reconnaissance formelle toujours plus grande des droits de la personne y occupe une place centrale, bien que l'insidieuse centralisation des institutions publiques et des organisations privées toujours plus puissantes impose un ordre autoritaire » (Feenberg, 2014, p.167).

L'ordre autoritaire, l'ordre tout court, n'ont été que très rarement des vecteurs d'émancipation individuelle et collective à ce qu'écrit l'auteur de *L'ordre du discours* (Foucault, 1970). D'où vient alors, que l'ordre technique ne puisse pas être abandonné ?

La question et les réponses possibles à celle-ci prennent de l'ampleur et de la saveur à mesure que l'on pénètre dans *Domination technologique et perspectives de libération chez Marcuse* pour y redécouvrir la philosophie de Marcuse pour ce qu'elle est et davantage pour ce qu'elle est un « instrument » entre les mains de M. Salifou. « Il nous faut, écrit-il à la page 260 et suivante, après Marcuse et Savadogo, contre l'absolutisme, ne pas disperser les forces du changement. Il s'agit, précise-t-il, de freiner la brutalité du système de domination, en l'envahissant partout où il se trouve avec ses propres moyens, telle la « démocratie bourgeoise (élection, soutien d'hommes politiques libéraux, propagation d'informations censurées, protestation contre la destruction de l'environnement, boycotts, etc.) » (H. Marcuse, 1976, p.30). Mais aussi avec des moyens autres que ceux auxquels il s'attend et surtout avec des couches d'individus provenant d'horizons les plus insoupçonnés. « En clair, la critique sociale assume son aboutissement politique qui consiste à favoriser l'intervention des dominés dans la vie politique, à susciter leur mobilisation qui culmine dans leur érection en une force politique » (M. Savadogo, 2012, pp.103-104).

Professeur Yao-Edmond KOUASSI

INTRODUCTION

« Dans la cité grecque parvenue à son apogée, la sphère de la *polis,* la chose commune*(Koïnè)* à tous les citoyens libres, est strictement séparée de *l'oïkos* qui est propre (*idia*) à chaque individu. La vie publique se déroule sur la place du marché, l'agora, mais elle n'est pas en quelque sorte dépendante de ce lieu : la sphère publique se construit au sein du dialogue (*lexis*), qui peut également revêtir la forme de la consultation ou d'un tribunal, tout comme au sein de l'action menée en commun (praxis), qu'il s'agisse alors de la conduite de la guerre ou des jeux ». (P.Vidal-Naquet, 1993, p.106).

La philosophie d'Herbert Marcuse reste traversée par la technique et par la politique sous l'influence bien manifeste d'une réflexion qui est, elle-même, très critique. C'est la raison pour laquelle ce livre qui traite de la domination technologique et des perspectives de libération chez Herbert Marcuse est aussi un dévoilement de la relation qui existe entre la technique et la politique. Est-ce une relation d'opposition diamétrale, d'imbrication ou tout simplement de lien impossible entre la technique et la politique?

Il nous faut savoir que la politique est perçue comme l'expression du pouvoir, de décisions qui s'appliquent à des secteurs d'activités, une région, un univers. Quant à la technique, elle peut être généralement définie comme un système de moyens avec des objectifs qui sont compris dans sa réalisation. Ce qui pourrait se traduire par le fait que toute technique qui se met en place, inclut d'avance ses propres buts à atteindre.

La politique, qui tire son origine du mot grec *polis* et qui signifie *cité,* est considérée comme la science, l'art ou la manière de gouverner une société, un État et d'y organiser le pouvoir. La politique exige dans ce cas, des traits de gestion et des moyens qu'il faut mettre en œuvre au sein des sociétés afin d'atteindre les objectifs qu'on s'est assigné. La technique telle que sommairement définie est-elle sous l'influence du pouvoir politique ou non? Partage-t-elle le pouvoir avec la politique ou plutôt, est-elle au fond, le véritable pouvoir?

De la technique, il nous faut, à propos, savoir que son origine remonte à deux grandes civilisations, à savoir, celles de l'Égypte et de la Grèce antique ; qui sont généralement perçues comme les sources par excellence de ce qui va devenir aujourd'hui la science moderne ou encore la technoscience : la technique, pour être plus précis. La technique est en fait, l'expression la plus plausible de tout ce qui a trait à la connaissance matérielle et sophistiquée, à la science moderne. Tout simplement, parce qu'elle est la traduction la plus évidente de *la société industrielle avancée*, c'est-à-dire une société à forte emprise technologique, industrielle, capitaliste, qui est partout présente et dont les capacités semblent infinies et indispensables. *La société industrielle avancée* est donc la traduction la plus élevée de l'évolution technologique dans la société. La technologie fonctionnant ici, dans cette société, comme un appareil, un système politique qui régente toute vie, toute activité et qui produit des formes de vies agréables certes, mais sous contrôles.

En plus, la technique doit être perçue comme la manifestation véritable de la science moderne. De sorte qu'il n'y a pas, comme la suite des travaux va essayer de le montrer, une science évoluant à côté d'une technique, mais bien la manifestation quotidienne de la technoscience. Il nous faut retenir que la théorie scientifique s'accompagne toujours de son mode d'exécution. La pensée n'est pas séparée de l'action et vice-versa. La pensée technoscientifique a dans sa constitution les éléments de sa pratique et de sa fin. Ce n'est donc jamais une pensée neutre comme une certaine théorie candide de la science semble, en à faire la promotion. L. Faucher cité dans *Sciences, technologies et société de A à Z* (2015, p. 237) nous réaffirme que : « (…) l'activité scientifique consiste dans l'élaboration, la mise à l'épreuve, la défense ou la révision des théories. Les théories sont employées pour décrire, contrôler, prédire, expliquer et/ou comprendre les phénomènes appartenant à un domaine particulier ». La théorie scientifique imprime, en plus de sa tentative de compréhension du monde, une certaine orientation, une certaine maîtrise et un certain objectif. Cette tâche est bien assumée par la technologie qui allie à merveille la réflexion et l'action au cœur de toute théorie scientifique.

C'est pourquoi, la réalisation d'une tâche technique suppose nécessairement une logique interne, une réflexion en œuvre. C'est bien pour cela qu'au début comme à la fin, ce qui est constaté, n'est rien d'autre que la présence continuelle de la technique, de la matérialité d'un savoir qui est aussi un pouvoir.

Chez H. Marcuse (1968, p. 21) précisément, la technique est un appareil « qui fonctionne comme un système qui détermine a priori ce que l'appareil doit produire ainsi que les moyens de l'entretenir et d'étendre son pouvoir ». La technique s'accompagne donc du pouvoir politique, du pouvoir de diriger. En elle, sont inclus les moyens d'administration, d'emprise sur toutes les activités possibles. Mieux, c'est elle qui crée d'avance, tout l'appareillage, tout le système qui doit être mis en place dans tel ou tel domaine, tout comme, comment en assurer la perpétuité, l'évolution globale, la maîtrise toujours plus grandissante, enveloppante. Ce qui laisse transparaître une principale réalité : « les politiques scientifiques se muent en politiques technologiques ou de l'innovation pour mobiliser ressources et acteurs en faveur du développement économique » (P. Doray, 2015, p.231). La politique, le pouvoir de décision, se renforce de plus en plus au sein de l'appareil technologique avec comme membrane principale, la globalisation des ressources, des moyens et des acteurs de production en vue d'intérêts divers liés à l'économie.

Pour en revenir aux origines de la technique, il nous faut savoir que c'est bien à l'Égypte ancienne que remontent selon l'histoire des sciences, les premiers jets de ce qui va devenir la technologie, c'est-à-dire un début de maîtrise scientifique, systémique de la nature et des hommes. Ainsi, après les présciences mésopotamiennes et babyloniennes qui ont permis de découvrir respectivement la première langue écrite, *le sumérien*, vers 3300 av. J-C. et la trace des premières mathématiques à travers les quatre opérations de base de l'algèbre, l'Égypte ancienne va, dès cette période, donner de grands traits d'une connaissance qui se veut réellement scientifique. C'est ce qui justifie que dans les mathématiques, la formation, l'ingénierie, la médecine ou l'astronomie, nous ayons pu constater une avancée notable dans la connaissance de cette science égyptienne qui est en train de se constituer.

Ce sont ce que relèvent à propos les égyptologues S. Couchoud (2004) et C. D. Noblecourt (2006) dans leurs ouvrages respectifs, *Mathématiques Égyptiennes. Recherches sur les connaissances mathématiques de l'Égypte pharaonique* et *Le fabuleux héritage de l'Égypte*. Couchoud note que l'irrigation et le drainage à partir du Nil ont constitué dès 3000 av. J-C., *"une technologie sophistiquée"* mise en place par les égyptiens sur l'ensemble du pays, permettant ainsi de contrôler déjà à cette époque tout risque d'inondation. En mathématiques, Alexandrie devient un centre reconnu où viennent se former des noms qui vont constituer, ou qui constituent des repères de cette discipline. Ce sont par exemple, Euclide, Thalès et Pythagore.

L'une des caractéristiques de cette science égyptienne, c'est certainement son côté très pratique que remarque à propos Noblecourt. La construction des pyramides qui est réalisée durant cette période obéit à une ingéniosité et à un calcul bien précis. Le nombre d'ouvriers nécessaires, le volume de pierres à amener, le transport depuis les carrières, l'infrastructure nécessaire à la réalisation, la quantité de nourriture à apporter aux ouvriers ; tout est calculé.

Les techniques de l'embaumement des corps sont maîtrisées par les médecins égyptiens dont la connaissance de l'anatomie humaine est approfondie. À cela, s'ajoutent leurs compétences en cardiologie, en gynécologie, en ophtalmologie, en pathologies digestives, en urologie et surtout en chirurgie où, ils pratiquent avec succès des opérations. Ce qui suscite une sollicitation étrangère de leurs compétences. Pour ce qui concerne l'astronomie, nous apprenons de Noblecourt que le calendrier dont nous nous servons aujourd'hui, n'est autre que le calendrier des saisons égyptiennes. Toujours dans cette discipline, la cartographie du ciel et la maîtrise de la description précise du mouvement du soleil sont, à cette époque, connues des Égyptiens.

Ces efforts de connaissances égyptiennes ont permis une certaine maîtrise technologique dans plusieurs domaines, même si cela s'est fait dans un sens beaucoup plus proche du quotidien que de celui d'une science générale. Ce sont d'ailleurs ces insuffisances que vont essayer de combler les sciences grecques en tentant de systématiser des connaissances scientifiques à partir de techniques améliorées.

C'est dans la sphère grecque, entre le VIe et le Ve siècle avant J-C., que le mot technique, alors désigné *tekhnê*, tire son origine. La *tekhnê* renvoyait chez les grecs à l'art utilitaire, plus précisément à l'artisanat. Faire ainsi allusion à la technique supposait à la fois les pratiques utilitaires, un savoir-faire et les beaux-arts. Cette conception de la technique va d'ailleurs persister pendant de nombreux siècles. C'est ce que confirme M. Jiménez (1997, p.32) lorsqu'il explique que « le mot art (…) de son origine latine ars = activité, habilité, ne désigne, jusqu'au XVe siècle, en Occident, qu'un ensemble d'activités liées à la technique, au métier, au savoir-faire, c'est-à-dire à des tâches essentiellement manuelles ». Ainsi, la technique jusqu'à l'époque précitée est plus proche d'activités artisanales, des actes quotidiens d'utilisation d'outils, à la limite du rudimentaire plutôt qu'à des machines hautement sophistiquées.

Comme on le perçoit, la technique, même dans le monde grec, censé traduire une réelle avancée scientifique par rapport à ce qui a été décrit en Égypte, ne représente en fait qu'une autre conception purement matérielle du monde et des choses. Même si on peut reconnaître quelques particularités. Toutefois, la science grecque a été d'un apport véritable dans le domaine de la connaissance supra sensible à travers les mathématiques, l'astronomie, avec le constant souci de théorisation des idées.

Au Moyen-âge, tout comme à l'Époque Moderne, la technologie poussera plus loin aussi les capacités humaines dans la compréhension, l'analyse, la découverte et « la maîtrise du monde »[1] (R. Descartes, 1637, p.102). Cette fièvre dominatrice s'étendra au XVIIIe siècle, encore

[1] Expression empruntée à René Descartes dans Le *Discours de la Méthode*, (1637), VI, p.102 éd. Garnier, p. 168 éd. Pléiade, lorsqu'il affirme que par la science, les hommes pourraient se rendre maîtres et possesseurs de la nature.

appelé *siècle des Lumières*, époque de l'*Aufklärung*, qui est le commencement de toute une ère où la place sera faite à la rationalité, la raison, la logique, la démonstration, la preuve concrète sur tout ce dont on porte un jugement. La raison devient donc ce qui domine à la fois dans la philosophie, les sciences et les arts. La connaissance se présente dès lors sous la forme d'un système et tous les sujets sont abordés sans tabous. Dans un tel contexte, l'on commence à croire que la technologie, si elle n'est pas capable de garantir le bonheur sur terre, demeure tout de même la voie idéale pour atteindre un tel objectif. C'est l'époque de la grande manufacture en Europe, en Amérique et aussi le début d'une orientation vers le scientisme, le règne des technocrates, de tous ceux qui ne jurent que par la technique et qui sont soutenus par des réflexions données, à l'exemple du *positivisme*.

Une idée à laquelle s'attache le positivisme, encore appelé *"philosophie sociale"*, et que nous fait partager un de ses précurseurs, en l'occurrence C.C.H. De Saint-Simon (1760- 1825) cité par E. Bréhier (1991, p.741) est que :

«Les chefs d'industrie (...) doivent être (...) à la place des ambassadeurs ; la coalition des intérêts industriels doit créer les conditions de la paix ; les industries doivent prendre, dans la hiérarchie politique, la place qui correspond à leur influence sociale ».

Pour Saint-Simon donc, le technicien ne saurait être un simple exécutant des ordres du politique, il est plutôt celui qui organise la vie politique, qui l'oriente, qui la met en pratique, qui la réalise. Si l'on entend par politique évidemment, la source du pouvoir qui structure le fonctionnement méthodique, théorique et pratique au sein d'une communauté, d'une société, d'un État ou de plusieurs États, alors c'est, selon lui, à l'industriel, au technocrate de décider de ce qui doit être. C'est selon lui, en effet, l'action de ce dernier qui peut non seulement garantir le bien-être mais aussi la sécurité et la paix.

Cette pensée saint-simonienne sera grandement partagée à travers plusieurs modes d'existence de nos sociétés contemporaines industrielles. Mais avant, on pourrait aussi se référer à une figure de proue du positivisme citée par M. Duverger (1966, p.1), en l'occurrence A. Comte (1798-1857), inventeur du :

« terme « "sociologie" » en 1839 (…) pour désigner la science de la société » et qui soutient « qu'on doit appliquer à l'étude des phénomènes sociaux les mêmes méthodes d'observation qu'emploient les sciences de la nature : d'où l'expression « physique sociale » (A. Comte cité par M. Duverger, 1966, p.1).

Une façon de dire qu'on peut appliquer à la société, les mêmes règles, lois et principes qu'on appliquerait aux éléments de la physique, aux choses, aux éléments de la nature, qu'ils soient inertes ou vivants. Pour A. Comte donc, la société vit de la même façon que la nature et devrait à ce titre être étudiée selon les lois physiques, de la science, de la technique. Cela supposerait, qu'aux problèmes sociaux auxquels les sociétés sont confrontées, il faut tout simplement des solutions techniques. C'est ce qui explique que pour A. Comte, l'humanité soit maintenant au niveau de *l'état scientifique ou positif*, après avoir dépassé les *états religieux et métaphysique*. On ne doit donc plus fonder nos explications, selon lui, sur des croyances ou des idées transcendantales, mais sur ce dont on peut apporter la preuve palpable.

Cette perception qui tend à ne considérer que ce qui est scientifique, techniquement usuel, instrumental, quantifiable, qui consiste à faire des acteurs techniques, les principaux décideurs, est bien ce qui semble prédominer dans les différentes sociétés contemporaines. Et ce, qu'elles soient industriellement avancées ou pas.

Que nous soyons donc dans une société où l'évolution a atteint un tel niveau de développement informatique, cybernétique, de stabilité politique, de bien-être social, de production de biens de consommation à grande échelle, de garanties de liberté ou pas ; la domination technique est présente et aucun domaine, à commencer par celui censé être la source du pouvoir, à savoir la politique ne saurait lui échapper.

La technique cesse alors d'être perçue dans ce cas comme une sphère neutre. Elle se présente plutôt comme un domaine autonome évoluant selon son propre mode et selon ses propres objectifs, dans le projet bien compris d'une politique qui cadre avec sa particularité. Ce projet se réalise chaque jour sous le sceau de la domination totale, de l'hégémonie, de l'anéantissement, du refus de l'autre, de l'assimilation, de la manipulation, de l'endoctrinement. Cette corrélation, cette imbrication entre technique et politique a été abordée par de nombreux auteurs avant Marcuse à l'exemple de Karl Marx, Martin Heidegger, Theodor Wiesengrund Adorno ou Max Horkheimer.

La vision politique de la technique chez Marx s'inscrit, avant tout, dans la société industrielle mise en place par la politique capitaliste de profits et d'intérêts. Ce qui domine donc ici, c'est un monde industriel où la mécanisation des moyens de production crée en fait, un monde prioritairement matérialiste et où la plus-value est ce qui importe aux yeux des détenteurs du capital face aux travailleurs, aux prolétaires. Il naît ainsi, une marchandisation des rapports sociaux à l'avantage des propriétaires de l'outil de production et du capital. C'est en ce sens d'ailleurs, qu'à propos des marchandises, K. Marx (1967, pp 617-618) peut retenir que :

« Dans notre société, la forme économique la plus générale et la plus simple qui s'attache aux produits du travail, la forme marchandise, est si familière à tout le monde que personne n'y voit malice(…) Les marchandises diraient, si elles pouvaient parler : notre valeur d'usage peut bien intéresser l'homme, pour nous, en tant qu'objets, nous nous en moquons bien. Ce qui nous regarde c'est notre valeur. Notre rapport entre nous comme choses de vente et d'achat le prouve. Nous ne nous envisageons les unes les autres, que comme valeurs d'échanges (…) La valeur (valeur d'échange) est une propriété des choses, la richesse (valeur d'usage) est une propriété de l'homme ».

Nous sommes, il faut en convenir dans une société marchande créée par la société industrielle de production. Dans un tel monde, nous croyons tous participer à des rapports d'équité parce que nous avons, d'une certaine façon, accès aux marchandises, selon les moyens dont nous disposons. Mais l'acquisition d'une marchandise ne se limite qu'à un tel acte et non au processus qui met en place la marchandise. Ce dernier appartient à un autre stade qui échappe à l'individu. Il appartient au propriétaire de la richesse qui n'est pas forcément le commun des mortels, mais le bourgeois, le chef d'entreprise, le détenteur du capital. En face de lui, ou dans le même monde de la marchandise, se trouvent tous ceux qui achètent, mais dont le pouvoir ne se limite qu'à l'achat, à la consommation et non à la domination du processus de production.

La critique marxiste de l'instrumentalisation de l'individu, à l'époque des *Lumières,* est aussi mise en exergue par Theodor Wiesengrund Adorno qui fustige l'obscurantisme dans lequel la raison, censée nous éclairer, nous plonge depuis lors, alors qu'elle devrait mettre fin à toute mythologie. Bien au contraire, Adorno constate, surtout avec les atrocités du nazisme et l'évolution du monde actuel, que la raison s'est muée en une technocratie d'aliénation, d'administration froide, où la domination et le contrôle à tous les niveaux sont érigés en règles de gouvernance quotidienne.

La culture devient ainsi, *une industrie culturelle*. Elle fonctionne, non selon ses principes d'ouverture, d'altérité, d'autonomie, de valeurs, d'un monde idéel et idéal mais selon une rigidité imposée par le système industriel de production, de diffusion, de commercialisation dont le canevas est d'ailleurs bien établi déjà. La culture et l'art, qui devraient constituer l'âme des peuples, leur essence, leur substance, sont tout simplement vidés de toute identité pour devenir quelque chose d'innommable. C'est pourquoi, ramenant l'individu à la véritable réalité de l'art, T. W. Adorno (1978, p.394) précise que « tout bonheur est le fragment du bonheur total qui se ferme aux hommes et qu'ils s'interdisent...Il n'y a pas de lumière sur les hommes et les choses qui ne reflète la transcendance ». Le véritable art, dans une telle vision, ne se limite donc pas aux frontières qu'imposent la société industrielle et son système politique de contrôle. L'art est avant tout liberté, vers tous les horizons possibles.

Cette falsification de toute réalité qu'instaure une raison de plus en plus technique et idéologique est aussi mise en cause par Max Horkheimer, dont la réflexion générale dénonce prioritairement l'instrumentalisation de la raison. Pour Horkheimer, en effet, la combinaison de la technique et de la politique se précise à travers une raison, en apothéose depuis les Lumières, mais qui donne du monde, l'image d'un enfermement plutôt que celui d'une ouverture. La raison s'est tout simplement muée en *"raison instrumentale"*. Elle a créé un monde totalement "*administré*", où la misère et la violence peuvent être éradiquées. Pourtant, c'est une vie moins épanouie, l'extermination méthodique de toute opposition ; qui est sans cesse en marche. Ce qui veut donc dire que « tant que les hommes agissent comme les parties d'un organisme privé de raison [comme dans le capitalisme ou l'État moderne], la raison ne peut devenir transparente à elle-même». (M. Horkheimer, 1974, p.39).

Il faut restaurer la raison, lui permettre d'aller au-delà du système technologique dans lequel elle a été maintenue afin de ne pas faire d'elle, un simple instrument au service de la domination, de la manipulation et de l'enfermement mais de lui permettre d'explorer toutes les possibilités que le système tente d'étouffer par tous les moyens. Il faut donc briser cette opacité dans laquelle le monde est maintenu à cause d'une raison avilie par des intérêts de profits et de justification. Même de ce qui ne mérite pas de l'être.

La raison a donc besoin d'être éclairée afin d'être débarrassée de la noirceur de l'individualisme qui est devenu son quotidien et qui a fini par voiler son véritable rôle d'humanisme et de rassemblement. Il existe un cadre approprié dans lequel la technique exprime toute sa manifestation. Elle s'est depuis lors manifestée dans la raison qu'elle utilise dans une forme administrative bien déterminée, celle d'une logique beaucoup plus matérielle qu'humaine. Ce qui fait que la technique, perçue dans l'entendement général, comme une possibilité pour l'humanité de mieux éclore, met en fait en place, tout un monde qui tend plutôt à créer l'avilissement. Il existe un mode propre de fonctionnement de la technique qui, sans aucun doute, crée une forme politique à laquelle nous sommes soumis et cela, quel que soit le domaine d'activité. Il suffit peut-être, pour s'en convaincre, de regarder au-delà des machines et de voir plutôt tout le système de contrôle et de déterminisme qui est mis en place.

C'est d'ailleurs une telle observation que fait M. Heidegger, lorsqu'il s'interroge sur l'essence de la technique. Ce qu'il constate, c'est que l'implication de la technique se trouve bien au-delà de la machinerie, qu'elle paraît représenter. C'est pourquoi, M. Heidegger (1958, p.9) prévient déjà que : « [il faut apercevoir] ce qui dans la technique est essentiel, au lieu de nous laisser fasciner par les choses techniques (…) ». L'objet technique, ses capacités, sont en effet, loin de représenter la réalité de la technique dont les effets sur l'individu, le genre humain, la nature tout entière, se présentent tout simplement comme un ordre insidieux à exécuter. C'est pourquoi, au lieu de se laisser submerger par les prétendus *prodiges* que la technique nous permettrait de réaliser, il faut plutôt chercher à comprendre tout ce qui se cache derrière elle. Ce qu'on y saisit, est que « l'être de la technique menace le dévoilement, il menace de la possibilité que tout dévoilement se limite au commettre (…) Les réalisations humaines ne peuvent jamais, à elles seules, écarter le danger (…) » (M. Heidegger, 1958, p.9).

Quand la technique s'installe dans la nature ce n'est pas tant dans un souci de la laisser se laisser percevoir telle qu'elle est, mais beaucoup plus dans celui de l'orienter dans des objectifs déjà définis. Elle oblige ainsi la nature à se livrer, à se soumettre, à un ensemble d'implications qui échappent au contrôle même de ceux qui sont censés surveiller l'appareil technique, le contrôler ; soumis qu'ils sont, eux aussi à la politique de domination de la technique dont les implications tendent à être toujours un peu plus vaste, un peu plus envahissant. Pour S. Vietta (1993, p.5) :

«Heidegger a déjà saisi (…) dès les débuts (…) dans quelle mesure la science et la technique, ont été mises au service d'une politique de puissance déchaînée, et combien cette prétention à la puissance, inhérente à la pensée moderne de la domination qui règne sur cette science et cette technique , a été ramenée à la surface de l'histoire (…) sous une forme perverse et brutale ».

Ce qui revient à dire que c'est surtout dans un projet de domination, qui bafoue les valeurs les plus fondamentales, que le pouvoir technique s'associe à celui de la politique ou, pousse aussi loin possible, ses capacités pour mettre en place une sorte de politique totalitaire. Il devient évident qu'en se présentant ainsi, la technique ne saurait prospérer sans laisser des failles, sans présenter des contradictions, sans créer des situations de tensions, sans avoir une réplique appropriée à ses actes.

Ce sont ces deux constats sur l'évolution de la technique moderne et ses insuffisances que nous fait partager à propos, l'immense œuvre du philosophe américain, d'origine allemande, Herbert Marcuse. Juif de naissance, Marcuse est né le 19 juillet 1898 à Berlin en Allemagne et est mort le 29 juillet 1979 dans la même ville. Premier fils d'une famille juive, il est appelé sous les drapeaux et participe à la guerre de 1914-1918 à l'époque de la *Reichswehr*.

Après la guerre, il milite au sein du mouvement spartakiste, adhère au social démocrate mais le quitte après la mort de Rosa Luxembourg en 1919. Il étudie à Berlin et à Fribourg, la *Germanisnik* comme discipline principale, la philosophie et l'économie politique comme matières secondaires. À Fribourg, il devient l'assistant de M. Heidegger (1889-1976) et rédige sa thèse de doctorat sur Friedrich Hegel (1770-1831) en 1932 sur le thème de *L'ontologie de Hegel et la théorie de l'historicité* (H. Marcuse, 1972). La même année, Marcuse entre pour la première fois en contact avec l'Institut de recherche social de Francfort, encore appelé École de Francfort, dont la particularité réside dans « une critique radicale de la raison et de la civilisation » (Y. Cusset et S. Harber, 2002, p.3).

La raison est perçue ici comme étant en œuvre de façon systémique et instrumentale dans le monde. Dès la prise de pouvoir par les nazis en 1933, il émigre avec sa famille, d'abord en Suisse puis aux États-Unis d'Amérique, après un bref passage à Paris en 1933. Il est engagé par *l'Institut de recherche sociale* qui s'est déjà installé à New York. En raison de la mauvaise situation financière de l'Institut, qui du fait de son déplacement en terre étrangère est pour cela coupée de toutes ressources financières, Marcuse doit accepter un poste à l'Office of Strategic Service (OSS) où il travaille sur un programme de dénazification.

Dès 1951, il enseigne dans diverses universités américaines comme celles de Harvard et Brandies en tant que professeur de philosophie et de sciences politiques. Il enseigne aussi à l'université de Californie San-Diego où il a achevé sa carrière. *Eros et civilisation* (H. Marcuse, 1963), sa première œuvre paraît en 1955 alors qu'il a déjà 58 ans.

Marcuse y explique les mécanismes d'intégration sociale qui amènent l'individu aliéné à accepter "librement" sa propre soumission. En 1964 il écrit *L'homme unidimensionnel* (H. Marcuse, 1968) qui paraît en France aux *"heures chaudes"* de la révolution estudiantine, en 1968, et qui devient une sorte de boussole pour toute cette jeunesse révoltée. Cela, parce que les nouveaux conditionnements mis en place par la société technologique y sont détaillés avec précision.

Toujours dans la même année, il voyage un peu partout en Europe et tient de multiples conférences et discussions avec les étudiants. Il devient alors une sorte d'interprète théorique de la formation des mouvements étudiants en Europe et aux États-Unis. Son engagement au sein de mouvements politiques des années 1960-1970 tel celui des *"Black Panthers"*, fait de lui, l'un des plus célèbres intellectuels de l'époque.

Marcuse considère avant tout, comme le précise J. Habermas (1974, p.224), lors du soixante-dixième anniversaire de notre auteur, en 1968, « qu'une philosophie à visée pratique doit être par conséquent défendue pratiquement ». Les idées d'une réflexion pareille doivent être le plus proche possible des réalités sociales et historiques parce qu'elles reposent avant tout sur ces réalités pour se construire. Mais les choses ne s'arrêtent pas là, puisque les idées de la philosophie pratique doivent surtout donner un sens à la réalité dans laquelle elles s'expriment afin d'en ouvrir les nombreuses possibilités que des forces rétrogrades tentent de noyer. C'est cette particularité de Marcuse qui se traduit à nouveau en 1977, lorsqu' il publie son dernier ouvrage, *La dimension esthétique* (H. Marcuse, 1979), qui replace l'art et la sensibilité au cœur de la libération de l'homme que veut lui dénier pourtant cette société établie et où on croit pouvoir tout ramener au quantifiable.

Finalement, ce sera avec une quinzaine d'ouvrages fortement inspirés des pensées de Hegel, Marx, Freud et Heidegger que Marcuse dressera la véritable description de la société industrielle avancée, ses influences dominatrices dans le monde capitaliste et communiste de l'époque mais aussi ses formes englobantes, par sa présence, partout dans le monde y compris dans les pays peu avancés technologiquement tels ceux de l'Afrique, de l'Asie ou de l'Amérique latine.

La base de sa réflexion prend ses racines aux États-Unis, pays qui l'accueille dans sa fuite du nazisme mais qui, malencontreusement, présente tous les traits nationaux et internationaux de la nouvelle emprise technologique. Les raisons d'un tel constat viennent du fait qu'en matière de référence de capitalisme, de développement industriel, artistique, de démocratie, de justice ou de liberté, les États-Unis sont souvent cités en exemple. Ils suscitent l'émulation ou la compétition en Europe, en Asie, en Amérique, en Océanie et en Afrique. Dans l'un ou l'autre des cas, les États-Unis sont perçus comme le principal référent, encore plus depuis la "chute du mur de Berlin". Cette puissance qui se veut hégémonique s'exporte et s'impose partout dans le monde et dans plusieurs secteurs d'activités. La réalité est qu'elle n'est pas la seule à s'imposer ou pour être plus précis, partout où domine la technologie, les tendances à conquérir d'autres espaces sont constantes.

Parce qu'il s'est fixé pour devoir de ne pas laisser prospérer la domination, la manipulation sur l'homme et sur la nature, quelles que soient les formes qu'elles prennent, Marcuse relève le pari qui consiste à mettre à nu tous les artifices, les illusions et les intimidations dont se sert de façon subtile et pernicieuse, la technologie moderne. Tous les compartiments de la technologie avancée sont démembrés grâce à un effort théorique conçu à cet effet, et qui est *"la Théorie Critique"*.

J.-M Palmier (1976, p.101) dans le portrait qu'il fait d'Herbert Marcuse précise toutefois que : « le rôle de la théorie critique n'est pas de fournir une solution pratique mais d'aller le plus loin possible dans la recherche de cette solution ». Face donc à un monde qui a opté pour l'opacité, la domination, l'exploitation et l'illusion grâce aux subterfuges de la technique, Marcuse s'inscrit dans la quête inlassable d'explorer toutes les voies qui permettent des horizons réels et meilleurs.

Ce qui nous amène à nous rendre à l'évidence que Marcuse, comme sa vie même nous l'a brièvement montré, est loin d'être un philosophe de salon, un intellectuel réfugié dans des *nuages*. C'est pourquoi, s'il aborde les influences technologiques sur l'évolution de notre monde, leur rôle de gouvernance manipulatrice et dominatrice, il ne cesse de rechercher partout ; chez les opprimés de tous bords, les femmes, les jeunes, les artistes, les sans-emplois, les hommes de savoir, les techniciens épris de justice, de liberté et d'affirmation véritable de soi , les possibilités réelles d'un monde qui ne soit pas essentiellement sous le joug de l'oppression perpétuelle.

L'on perçoit ainsi que pour Marcuse, la technique est bien loin d'être qu'un ensemble de machines effectuant des tâches données mais représente plutôt tout un directoire dont les décisions et les applications devraient normalement être du ressort du politique. C'est donc pour mieux comprendre toute cette pensée marcusienne qu'il nous a paru nécessaire de l'aborder sous l'angle de la domination technique et de la libération politique. Il s'agit pour nous de clairement indiquer toutes les principales formes de manipulation, d'exploitation de la technique dans toutes les parties du monde et comment s'en soustraire.

C'est en ce sens qu'il faut clairement retenir dans la perspective marcusienne que *c'est la technique qui dirige le monde de façon exploitante et dominante. Contre elle, de véritables luttes sont en œuvre à tous les niveaux sociaux dans des voies pouvant garantir des perspectives de libération.* Comment dans ce cas, faut-il donc réorienter la technique afin qu'elle ne soit pas seulement liberticide mais qu'elle promeuve la liberté individuelle et collective ? Face à la domination de plus en plus présente de la technique, ainsi que toutes ses formes de ramification, quelles sont les perspectives qui véritablement s'offrent à nous ?

Au-delà, en effet, de la réalité pessimiste que pourrait représenter la technique, quelle pourrait être sa contribution à une véritable politique d'épanouissement, de libération de chaque personne, de la société et de l'univers dans son entièreté ? La tentative de réponse qui pourrait être perçue ici, est que la technologie, telle que la présente Marcuse, est loin d'être a priori, un système de domination extérieur et brutal qui s'impose aux individus, aux sociétés, aux différents secteurs d'activités ou qui les domine tout simplement. Elle s'incruste en tout un chacun et en tout domaine. Laissant supposer qu'elle est sollicitée, quand en fait, elle s'impose de façon pernicieuse au travers d'une prédisposition psychique à son acceptation et à un ensemble de dispositions sociales qui la présentent sous des images mirobolantes. J. Habermas (1974, p.226) dit tout simplement, en rappel à la position marcusienne, que :

« La technique et la science ne sont pas seulement devenues, dans les pays les plus avancés sur le plan industriel, la force productive première qui fournit le potentiel d'une existence pacifiée et satisfaite, mais aussi une nouvelle forme d'idéologie qui légitime une violence administrative coupée des masses ».

Une supercherie qui finit par être révélée et dénoncée en priorité par les minorités sociales, raciales, les jeunes, les femmes, certaines couches intellectuelles et tous ceux qui subissent la violence de la domination permanente. En plus de la contestation, des propositions pour une meilleure présentation de l'univers tout entier sont faites afin d'avoir un monde harmonieux. C'est pourquoi, pour mieux nous orienter et comprendre le sens de tout cela, il serait approprié de saisir dans une première approche les différents aspects de la domination technicienne.

Dans une deuxième approche, nous analyserons des formes de réflexions au service de la domination technicienne. Ce sera ainsi une occasion, à la lumière des écrits de Marcuse, de mener une critique sur certaines positions des philosophes Hegel, Marx et du psychanalyste Sigmund Freud qui ont influencé sa réflexion. Marcuse y voit, en effet, des formes de *maintien d'un statu quo*, c'est-à-dire d'une société définitivement sclérosée qui accentue la domination. Il s'agira aussi dans ce chapitre de ne pas faire l'économie des critiques qui ont pu être exprimées contre la critique marcusienne elle-même. Toujours dans cette partie, nous rapporterons les précisions d'Herbert Marcuse.

Enfin, dans une troisième approche, nous rechercherons dans l'œuvre de Marcuse, les raisons de l'inéluctable changement au sein de la société technicienne à travers la fonction transformatrice de la philosophie critique pour une société harmonieuse au cœur de toutes les possibilités intellectuelles, sociales et professionnelles qui peuvent garantir un monde meilleur avec des propositions concrètes comme l'exige très souvent notre monde technicisé.

CHAPITRE I
LA DOMINATION TECHNICIENNE

« Nous refusons de voir ce qu'est réellement le progrès technique. Nous refusons de voir qu'elles sont ses conséquences réelles. Nous refusons de payer le prix exigé par la technique et lorsqu'on le montre, on parle de pessimisme » (J. Ellul, 1988, p.95).

La particularité de *la société industrielle établie*, c'est-à-dire, une société qui a atteint, à l'heure actuelle, un niveau de globalisation et de standardisation, c'est d'être en même temps l'expression d'un état de domination dans tous les secteurs d'activités. La société industrielle établie est l'expression de la manifestation technologique qui stabilise la société, empêche l'introduction d'un autre univers que celui de la réalité quotidienne et fait de la rationalité de la domination, le principe de son existence.

Cette tendance ou mieux, cette réalité quotidienne d'hégémonie, ne se manifeste pour autant pas de façon purement physique, brutale ou frontale comme cela le serait dans le cas d'une société archaïque. Tout simplement, parce que nous sommes ici dans le cas d'une société technologique établie, donc dans la situation d'une domination qui s'exerce grâce à ses outils techniques, de façon si rationnelle, qu'on n'arrive pas à s'apercevoir toute l'irrationalité à partir de laquelle elle s'impose. Parce qu'elle est la traduction concrète d'une idéologie de la domination, la technologie oriente son emprise sur la société à partir des individus qui la composent. Cela passe, certes par une maîtrise de leurs agissements extérieurs, mais d'abord par le contrôle de leur intériorité. À ce niveau, tout ce qui tend à constituer l'identité de l'individu, à l'exemple de ses instincts, ses désirs, sont embrigadés, étouffés et réorientés, pour être au service de la société de domination.

Une autre tendance de la société industrielle établie, c'est son acharnement manipulateur sur certains membres de la société comme c'est souvent le cas avec les femmes. Cette catégorie de la société, certainement à cause de ses attraits, mais aussi de ce qui est maladroitement considéré comme étant sa faiblesse, c'est-à-dire son physique, semble être une cible appropriée pour la société de domination technologique, qui s'en sert de façon souvent illusoire. Cela afin de mieux s'imposer et d'empêcher l'extériorisation de certaines forces libératrices qu'incarnent réellement les femmes.

Toujours, dans son souci permanent de contrôle, la société technologique établie qui se mue très souvent en *société industrielle avancée* a su développer son emprise, de telle sorte qu'elle seule, de façon presque générale, choisit pour nous les loisirs, qu'elle a déjà crée. Elle réussit, très périodiquement, à nous engager dans des tourbillons de modes, de choix, pour lesquels elle nous prépare à l'avance. Tout comme, elle nous prépare aussi à des jeux déjà conçus pour nous. « La société industrielle avancée est un univers *politique,* c'est la dernière phase d'un *projet* spécifiquement historique qui se réalise, à savoir l'expérience, la transformation et l'organisation de la nature en tant que simples supports de la domination » (H. Marcuse, 1968, p.22).

Ce n'est pas un univers dirigé par des hommes ou des femmes qui décident en toute conscience et en toute responsabilité, sans influence quelconque de l'advenir de leur monde. C'est bien plutôt le contraire. Celui d'une performance technologique qui crée des nouveaux mondes dans tous les secteurs et impose en même temps une exigence de conformité à ceux-ci. On croit s'adapter à l'évolution du monde alors qu'on s'adapte à celui mis en place par la société technologique dans ses démembrements économiques, culturels et ou intellectuels.

Tout cela dans un objectif bien clair : nous maintenir dans une situation telle que nous acceptions la société comme elle se présente, ou que nos désirs de changement ne sauraient être rien de mieux qu'un autre cliché de la société industrielle établie. Cela ne prouverait en fait qu'une seule chose ; la politique d'enfermement de cette société est vraiment efficace. Il ne saurait en être autrement. Nous avons été depuis notre intérieur préparé à cela.

1. L'EMBRIGADEMENT DES INSTINCTS.

Le terme instinct provient « du Latin instinctus, « aiguillon », puis impulsion » » (Grand Dictionnaire de philosophie, 2003, p.575). Il renvoie à ce qui est inné, à ce avec quoi nous naissons. Il caractérise dans son sens premier, quelque chose de donné, d'inintelligible et de fixe chez chaque espèce.

Toutefois, l'instinct peut être spécifique dans le sens où ce qui est inné n'est pas forcément instinctif. Dans ce cas, l'instinct dans une vision transformiste traduite une forme d'adaptation qui finit par faire de l'inné quelque chose d'acquis. Tout cela finit par le rapprocher ainsi, de plus en plus, à l'homme et sa capacité d'apprentissage. Ce qui fait dire à G. Deleuze (1954, p.8) que « l'homme n'a pas d'instincts, il fait des institutions ». Les instincts devenant ainsi pour l'homme, un acquis des institutions millénaires qui se sont sédimentées en lui et qui ont fini par être perçues comme étant des tendances naturelles de réactions.

Certaines similitudes liées à une telle définition se retrouvent chez Marcuse qui accorde une grande importance au fonctionnement des instincts individuels dans sa philosophie. Comprendre précisément le comportement des individus dans la société industrielle établie nécessite pour une bonne part, une explication, afin de savoir, comment leurs instincts les poussent ou disons plutôt, les orientent à opérer tel ou tel choix. Ce qui laisse évidemment penser que les instincts, dans la société industrielle établie, ne se manifestent pas tant dans leurs natures profondes mais qu'un ensemble de dispositions en privilégie certains traits et en étouffe d'autres. À quels desseins et à quels usages ? Quels sont les nouveaux mécanismes qui sont mis en place ? Comment cela fonctionne-t-il ? Quels en sont les résultats ? C'est ce qu'il nous faut éclairer.

1.1. La position marcusienne.

H. Marcuse (1963, p.25) donne, à partir d'une interprétation de la pensée freudienne, dans *Eros et civilisation,* la position généralement admise sur les instincts chez l'individu, en retenant ceci :

« L'appareil mental est efficacement subordonné au principe de réalité. La fonction de « décharge motrice » qui, sous la suprématie du principe de plaisir avait « servi à soulager l'appareil mental de l'augmentation des stimuli » est maintenant utilisé à une « altération appropriée de la réalité » : elle s'est transformée en action ».

Ce qu'il retient précisément donc, c'est que tout semble avoir été soigneusement mis en œuvre par la société industrielle établie pour que la liberté instinctuelle soit annihilée, pour ne pas dire entièrement soumise au principe de réalité, c'est-à-dire à la société de domination.

Le principe du plaisir qui est le lieu de tous les instincts, désirs, pulsions, passions, est en même temps jugé comme constituant notre trait commun avec le monde animal, bestial. Disons donc en ce sens que, si nous naissons homme, nous n'acquérons notre spécificité d'homme ou plus précisément d'humain que si nous nous conformons à la vie dans la société établie où nous pouvons appliquer pour nous-mêmes et pour les autres, ce qui est réellement utile.

Freud, pour d'ailleurs nous faire comprendre le comportement du psychisme et comment celui-ci procède à un tri de nos actes, a classifié ses travaux en parlant d'abord de ce qu'il appelle *" la première topique"*, dans laquelle le système psychique se présente en inconscient, préconscient et conscience. À ce propos, S. Freud (1965, p.276) affirme que :

« Nous assimilons donc le système de l'inconscient à une grande antichambre, dans laquelle les tendances psychiques se pressent, tels des êtres vivants. À cette antichambre est attenante une autre pièce, plus étroite, une sorte de salon, dans lequel séjourne la conscience. Mais à l'entrée de l'antichambre, dans le salon veille un gardien qui inspecte chaque tendance psychique, lui impose la censure et l'empêche d'entrer au salon si elle lui déplaît. (…) Lorsque, après avoir pénétré jusqu'au seuil, elles sont renvoyées par le gardien, c'est qu'elles sont incapables de devenir conscientes: nous disons alors qu'elles sont refoulées ».

Pour Freud donc, il y a des actes psychiques capables d'être admis par la conscience et donc par la société. Il y a aussi ceux qui ne peuvent l'être du fait de leur différence ou opposition avec le fonctionnement de cette société. Ce qui veut finalement dire que le psychisme conscient, dont les racines se trouvent pourtant dans l'inconscient, ne s'exerce réellement dans le monde établi que conformément à ce que celui-là lui permet d'exercer. Cette présentation du psychisme par Freud est ce qu'il va appeler *"première topique"*.

Par la suite, le père fondateur de la psychanalyse présente, dans une *"deuxième topique"*, le psychisme en *" ça, moi et sur-moi"*. Ici, tout semble tourner autour d'une survivance de la pulsion de vie (Eros) et de la pulsion de mort (Thanatos), présents dans le ça et qui déterminent le moi (la personnalité), lui-même influencé par le sur-moi (qui manifeste les traditions, tabous, interdits ou préceptes sociaux). Cela signifie donc que le moi est, en ce sens, réellement tiraillé entre deux mondes : celui du ça et l'autre du moi, dont il ne peut se passer. Le premier révèle sa nature profonde en tant qu'individu ayant sa particularité. Le second traduit son statut social et moral.

Pourtant, dans la société et plus particulièrement dans celle dominée par l'industrie, la technologie, où tout est mis en œuvre pour ne pas échapper au contrôle, à l'utilitaire ; c'est plutôt à un moi tel qu'on veut qu'il soit, qu'il nous est donné de rencontrer le plus souvent. Dans la société industrielle établie, le moi est beaucoup plus le reflet des exigences sociales, que celui de la satisfaction pulsionnelle contenue dans le ça. Quand la source énergétique du ça est admise, c'est dans un but précis qui consiste à l'utiliser pour renforcer les bases de la société industrielle de domination. Il suffit pour s'en rendre compte, nous indique Marcuse, de voir comment l'énergie instinctuelle est par exemple utilisée par la société industrielle dans les loisirs, la sexualité et le travail.

Les loisirs concernent le temps libre que tout individu a, à sa disposition et dont il se sert pour atteindre des satisfactions liées à ses différentes pulsions. *Les pulsions* concernent elles-mêmes des sources de tension qui ne s'estompent que lorsque les objectifs particuliers visés sont atteints. Ce qui suppose donc que les pulsions sont individuelles tout comme leurs satisfactions. Dans la société industrielle établie, tout est pourtant organisé par la machine technologique de telle sorte que les loisirs qui doivent garantir la satisfaction pulsionnelle sont d'avance manipulés, orientés dans l'objectif bien compris d'une réaction attendue.

Ce qui fait dire à H. Marcuse (1970, p.343) que «dans le cadre de notre civilisation, telle qu'elle s'est développée historiquement, la liberté n'est possible qu'en vertu de son contraire, à savoir la répression des pulsions ». La liberté de la pulsion se mue donc en une adaptation, en une totale soumission à ce que lui propose la société technologique avancée. On ne joue, on ne rit, on ne s'amuse que conformément à un programme spécifiquement bien élaboré qui s'intègre à tous les niveaux de la vie sociale. Ce qui devrait constituer notre intériorité de choix est sans s'en rendre compte, d'avance conditionnée, dominée. Il nous faut en effet, comprendre que :

«(...) Dès le niveau pré-scolaire, les « bandes », la radio et la télévision fixent le modèle du conformisme et de la rébellion ; les incartades commises par rapport à ce modèle sont punies non pas tant à l'intérieur de la famille qu'à l'extérieur et contre elle. Les experts des *mass-médias* transmettent les valeurs exigées : ils offrent une parfaite éducation de l'efficacité, de la ténacité, de la personnalité, de la rêverie et du sentimentalisme. Contre une telle éducation, la famille n'est plus capable de lutter » (H. Marcuse, 1963, p.91).

L'individualité, la personnalité, ne sont pas ce que la société industrielle établie recherche. Ce dont elle fait la promotion, c'est plutôt l'intégration, l'absorption de l'individu dans le processus de la société du statu quo. L'orientation de l'enfant et de l'adulte par la suite, vers ce qui devrait pouvoir lui permettre de s'épanouir n'est donc plus, dans la société industrielle établie, du ressort de la cellule familiale, qui elle-même est déjà absorbée par la réalité du statu quo. L'individu fait sien dans cette société, d'un ensemble de modèles qui lui sont déjà imposés dès son bas âge. Généralement, les loisirs qui ont un sens ou qui sont les seuls à être admis par la société technologique établie sont ceux dont l'impact utilitaire est d'avance fixé.

C'est peut-être pour cela que l'on prend plaisir à parler d'une *"industrie culturelle"* en se référant à tout ce qu'on peut amasser financièrement lorsque les gens sont amenés à s'amuser selon ce que l'on a déjà préparé pour eux et non selon ce qu'ils veulent eux-mêmes faire comme les y obligerait leur intériorité. Dans cette industrie culturelle, l'art qui en émane est bien autre que ce que devrait être l'art. T. W. Adorno (1976, p.91) peut à juste titre affirmer que :

« La désublimation, le gain immédiat et momentané de plaisir que doit pouvoir préparer l'art, se situe intra-esthétiquement en deçà de l'art mais, sur le plan réel, elle ne peut cependant procurer ce qu'on en attend (....) On ne démonte pas le mensonge affirmatif de la culture mais on fournit un prétexte à la barbarie et aux intérêts commerciaux de l'industrie culturelle ».

L'industrie culturelle ramène l'art à la réalité du quotidien, en fait des instants immédiats de joie, chante une beauté défigurée, fausse et plate là où on s'entend à la célébration de l'universel et de l'intemporel. Ce qui l'intéresse, c'est de vider l'art de sa substance pour en faire une chose au même titre que les choses commerciales. Tout ceci semble convenir à tous parce que tout a été mis en place pour qu'il en soit ainsi.

Il y a donc comme quelque chose qui nous vient d'un extérieur et qui impose les choix en orientant les pulsions des hommes. C'est pourquoi T.W. Adorno et M.

Horkheimer (1974, p.148) peuvent affirmer que « l'industrie culturelle ne sublime pas, elle réprime ». Lorsqu'on se laisse finalement entraîner dans le grand moule de cette culture distillée partout dans le monde grâce à une organisation planétaire bien en place, il est certainement évident qu'on est d'avance préparé à un ensemble de réactions qu'on attendrait de nous. De sorte que l'acte culturel, qui devrait logiquement nous permettre de nous élever un peu du quotidien de cette société, se transforme finalement, en ce qui nous maintient définitivement dans cette société du statu quo. Il y a donc ici une forme de répression des pulsions qui est manifeste. Cela se ressent aussi dans le monde du travail.

Cette société qui s'est construite sous le modèle d'un progrès toujours plus matériel, a besoin de toutes les énergies, à commencer par ceux des instincts individuels pour assurer son développement. La source énergétique contenue dans le çà et représentée par les pulsions de vie et de mort, au lieu de constituer des possibilités d'affirmation pour l'individu, sert plutôt à cimenter le pouvoir dominateur de la société industrielle établie. On se sert par exemple des pulsions individuelles pour garantir le commerce de marchandises superflues, de gadgets ou pour alimenter les industries de guerre. Eros est en ce sens orienté vers des pseudos objets de satisfaction sentimentale, de beauté, d'amour, de joie qui sont en fait des artifices dont le rôle est de briser définitivement l'éternité de l'harmonie que recherche cette pulsion.

La société industrielle avancée s'engage dans une manipulation constante en attirant constamment la pulsion de vie vers ses objets de luxe, ses fabrications à la chaîne, ses modes à profusion, ses gratte-ciel aux bureaux "futuristes" présentés comme étant la source pouvant assouvir tout besoin. Sous l'emprise d'une telle attirance artificielle, les instincts des individus s'engagent dans une sorte de tourbillon savamment exécuté par la machine technologique qui en profite pour renforcer sa machine de production du superflu.

«C'est caractéristique de la société industrielle avancée, la façon dont elle étouffe ces besoins qui demandent libération-y compris le besoin de se libérer de ce qui est supportable, avantageux et confortable-et en même temps elle soutient et justifie la puissance de destruction et la fonction répressive de la société d'abondance » (H. Marcuse, 1968, p.32).

Ce n'est donc pas forcément tout ce qui nous installe dans un certain luxe qui semble être bon pour nous. Ce ne sont pas tous ces produits déversés dans nos rues, magasins, boutiques et tous les avantages, vrais ou faux, qu'on leur rattache, qui justifient obligatoirement leur consommation ou la ruée vers eux. Bien souvent, comme sait d'ailleurs s'y prendre cette société de consommation, elle crée un cadre propice qui permet une telle attitude où on se laisse emballer par le rythme qu'elle nous impose.

Cette société réussit en effet, à adapter nos esprits, notre conscience, notre inconscient, à simplement suivre son rythme de production. La conclusion directe d'un tel état de fait est que, « les marchandises et les services qu'achètent les individus manient leurs besoins et pétrifient leurs facultés » (H. Marcuse, 1963, p.94). Les individus évoluant eux-mêmes conformément à une société qui sait manipuler à souhait tous leurs désirs, leurs plaisirs, leur instinct d'amour, Eros, tout ce qui est superflu, passager et ayant peu ou pas du tout de valeurs universelles.

Il y a comme des canevas dans lesquels la société industrielle prend la peine de nous y mouler. On s'y plaît. On croit en cette société, à son climat ambiant, au parcours auquel il nous prédestine. C'est cela qui paraît normal.

Toute autre vision serait taxée d'anormale voire de ridicule. Ce qui fait dire à J. J. Henriot (1982, p.77) que:

« Il est admis que les critères de la réussite sont incontestablement les suivants : avoir de l'argent, de l'influence ou avoir accompli un exploit même complètement idiot à condition que les médias en aient parlé. Si vous n'êtes pas d'accord, vous êtes sûrement un de ces idéalistes dont il faut bien convenir qu'ils n'ont pas les pieds sur terre ».

Le modèle de vie qui est donc vanté est celui qui tourne autour de l'accumulation et de l'exhibition. C'est cet amour qui est partout célébré. Eros est ainsi confiné au monde de l'immédiateté et de la chosification. Eros n'est pas seul à être détourné par la société technologique établie.

Thanatos qui constitue l'autre entité de la profondeur humaine est aussi utilisé pour asseoir la défense et les capacités d'attaques extérieures de cette société. La force contenue dans la pulsion de mort n'est plus au service de l'individu mais plutôt à celui de la nation. Ce n'est plus un moyen pour se protéger mais une énergie pour attaquer le présupposé ennemi de l'État. On explique par exemple qu'il est socialement utile, si on a une forte dose d'agressivité, de la mettre au service des forces étatiques ou d'être toujours prêt à défendre les intérêts de la nation devant une prétendue constante menace intérieure ou extérieure. Cela a bien évidemment contribué au :

« Progrès de la civilisation (...) », qui n'a été possible que par «(...) la transformation et l'utilisation de l'instinct de mort ou de ses dérivés. Le détournement de la destructivité primaire du moi vers le monde extérieur nourrit le progrès technologique et l'utilisation de l'instinct de mort dans la formation du surmoi accomplit la soumission masochiste du moi de plaisir au principe de réalité, protège la morale civilisée» (H. Marcuse, 1963, pp55 et 56).

Grâce donc à l'instinct de mort, l'individu a été utilisé pour maintenir une société de conquête et de répression. Sa force et sa capacité destructrice ont été mis au service de la communauté pour la solidifier, renforcer ses bases et considérer cette réalité comme étant la seule qui vaille d'être sauvegardée et protégée à tout prix, y compris au péril de sa vie individuelle. Ce qui importe pour la réalité sociale, son maintien ou son fonctionnement, constitue une justification nécessaire pour que l'individu à son service, pose toutes sortes d'actes destructeurs. Nous sommes en présence d'une *civilisation répressive.* La civilisation répressive nous ramène à la concentration technologique de la domination grâce à laquelle, la société industrielle établie peut s'arroger le pouvoir de décision dans tous les domaines d'activités et partout dans l'univers, de façon totalement rationnelle. Même si tous ses actes sont dans le fond, irrationnels.

Comme la société industrielle technologique est la même partout dans le monde ; que nous soyons dans la société capitaliste ou dans *la société soviétique*[2], sa manifestation demeure inchangée en ce qui concerne sa façon d'utiliser les individus.

---

[2] La société soviétique a régné de façon institutionnelle et militaire jusqu'en 1990. La chute du Mur de Berlin a permis sa désintégration administrative mais n'a pas empêché le règne de ce système avec la Russie comme nation toujours influente dans la zone.

1.2. La manipulation des instincts dans les sociétés capitaliste et soviétique.

La société capitaliste et la société soviétique ont ceci de commun : l'augmentation constante de la productivité. À ce titre, il demeure évident que nous soyons dans l'une ou l'autre de ces deux sociétés, les individus et leurs instincts sont tout simplement soumis au même sort. C'est bien pour cela que : « la morale soviétique ne reconnaît aucune différence éthique entre la valeur du travail aliéné et non aliéné : l'individu est supposé investir toute son énergie et toutes ses aspirations dans n'importe qu'elle fonction qu'il occupe ou que les autorités lui assigne » (H. Marcuse, 1963, p.324). L'individu n'agit donc plus comme il le désire mais comme la société industrielle le lui impose.

Cette tendance à réorienter les instincts des individus ou à les remplacer par les artefacts de la société industrielle établie se retrouve aussi dans le domaine de la sexualité, qui aurait pu être considérée pourtant comme préservant encore les traits de l'intimité, d'un territoire encore intact de toute violation extérieure. Ce que nous expliquons ici, pourrait certainement être mieux perçu si nous nous imprégnons de quelques éclairages de Freud.

Dans la conception freudienne, faire en effet allusion à la sexualité c'est aller au-delà de l'acte purement ou essentiellement génitale. La sexualité pour Freud concerne toutes les zones du corps humain susceptibles d'être érogènes et à partir desquelles l'on peut accéder à une satisfaction sexuelle en se servant d'un objet sexuel selon ce que ressent notre psychisme intérieur. Cela veut donc dire que l'acte sexuel ne commence pas ou ne se limite pas à la génitalité. Si des personnes peuvent trouver leur satisfaction dans la sexualité hétérogène, d'autres, du fait précisément de la complexité des instincts individuels pourraient considérer des voies différentes comme étant celles qui garantissent leur accès à un plaisir sexuel tel qu'ils le ressentent.

Mais tout peut-il être permis par cette société industrielle qui a fait du contrôle de tout, son leitmotiv ? Il semble bien que non ! La source pulsionnelle qui se présente sous la forme d'une tension doit normalement prendre fin et atteindre son objet de désir. Cette nécessité s'explique par le fait qu'il faut mettre fin à la tension qui se trouve à l'origine de la source pulsionnelle. Même si cela doit passer par une adaptation à des formes beaucoup plus tolérées par la société industrielle établie. Cependant, la garantie de la satisfaction n'est pas totale. C'est en ce sens que :

« La psychanalyse nous a appris ceci : lorsque l'objet originaire d'une motion de désir s'est perdu à la suite d'un refoulement, il est fréquemment représenté par une série infinie d'objets substitutifs, dont aucun ne suffit pleinement. Voilà qui nous expliquerait l'inconstance dans le choix de l'objet, la « faim d'excitation », qui caractérisent si fréquemment la vie amoureuse des adultes » (S. Freud, 1970, p.64).

Les contraintes sociales modifient donc constamment les instincts pour qu'ils cadrent avec leurs exigences. Cela se fait malencontreusement, au détriment de l'individu, qui bien évidemment n'y trouve pas sa satisfaction totale. La conséquence est que nos instincts dans la société industrielle établie, à l'exemple de ceux qui tendent à être satisfaits dans une *"vie à deux"* ou même dans celle d'une vie en tant qu'amants, peinent à se stabiliser. Le constat auquel on assiste bien souvent, c'est la multiplication des partenaires. Tout simplement, parce que cette société semble avoir bâti un monde fait d'illusions perpétuelles, de telle sorte que lorsqu'on croit avoir atteint les objectifs qu'on croit désirer, c'est à une satisfaction assez incomplète à laquelle on a droit. Et c'est l'éternel recommencement. Ce qui sous-entend qu'il n'est pas évident qu'un désir puisse être satisfait après avoir changé de forme originelle, du fait précisément de l'influence des exigences sociales. Dans ce cas, la conscience individuelle, peut-on dire, est dans une situation constante du martyr, obligée qu'elle est, de chaque fois modifier ses instincts par rapport à la réalité de la société industrielle avancée. Ce qui se passe ici est, selon le mot de Marcuse, une *"désublimation"* des instincts.

Le terme de désublimation se présente comme le sens réel à donner au mot "sublimation" employé par la psychanalyse pour parler des instincts dont les modifications sont acceptées par la société. Les principes sociaux, précisément parce qu'ils se manifestent sur des bases de vie communautaire, n'acceptent les agissements individuels que si ceux-ci sont adaptés à la vie en société. Dans ce cas, l'instinct individuel ne trouve sa valeur que lorsqu'il renforce la vie au sein de la communauté.

Plus encore, au sein de la société industrielle établie, les objectifs de domination, de production, de contrôle, de standardisation sont clairement affichés. C'est bien pour cela que dans la société industrielle établie l'idée de sexualité rattachée aux instincts est ramenée à seulement deux faits : la génitalité et la procréation. Quels objectifs justifient-ils cela ? Nous le comprendrons certainement en essayant de percevoir pourquoi la prétendue satisfaction sexuelle est ainsi limitée.

Pour la civilisation industrielle en effet, toute sexualité qui n'est pas conforme à la génitalité est sanctionnée comme étant perverse car elle ne cadre pas avec la recherche de la satisfaction libidinale qui n'est perçue que dans l'accouplement entre les deux entités humaines de la société, à savoir l'homme et la femme. Dans le but bien visé qu'un tel accouplement puisse garantir la procréation, elle-même source d'une possibilité de constamment maintenir une main-d'œuvre dont peut continuellement se servir la société industrielle de domination. C'est pour cela que les « perversions (…) » sont vues comme une sorte de «(…) rébellion contre la soumission de la sexualité à l'ordre de la procréation et contre les institutions qui défendent cet ordre » (H. Marcuse, 1963, p.46). L'ordre qui est accepté dans la société industrielle établie, c'est celui qui admet que :

« Les instincts sexuels conservent la marque du principe de réalité. Leur organisation s'achève par la subordination des instincts sexuels partiels au primat de la génitalité, par leur écrasement sous la fonction de procréation. Ce processus implique que la libido s'écarte de son propre corps pour se diriger vers un moi étranger de l'autre sexe » (S. Freud, 1970, p.64).

L'instinct sexuel qui devrait, selon sa constitution trouver par lui-même son objet et atteindre son ou ses buts souhaités est, dans la société industrielle établie, ramené essentiellement à la génitalité et à la procréation. Ce sont ces seuls principes qu'accepte cette société pour laquelle ne compte qu'une forme de sexualité, la génitalité entre un homme et une femme dont le bénéfice est la procréation. Ce qui doit pouvoir constamment garantir une main-d'œuvre au profit de la productivité.

Dès les débuts de la société soviétique industrielle, l'embrigadement des instincts sexuels est si manifeste que cela est visible au sein du cercle de la cellule familiale dans le but de pouvoir assurer une progéniture au service du monde du travail. La famille jouant ici le rôle d'une représentation miniaturisée de l'État, de ses principes et de ses objectifs de domination. H. Marcuse (1963, p.344) cite d'ailleurs A. Kollontai (1921, pp.22-23), porte-parole de la *"morale sexuelle révolutionnaire"* du marxisme soviétique dans les années 20, qui « voit dans le fait de concevoir et d'élever des enfants une modalité de « travail productif », et flétrit la prostituée comme « désertant les rangs du travail productif » ». La société soviétique qui s'engage ainsi nouvellement dans l'industrialisation, après la révolution, présente déjà le schéma dans lequel la sexualité doit être selon elle, admise. En dehors de ce seul cadre familial, aucune sexualité ne devrait être tolérée. Il ne suffit donc pas ici de parler de sexualité génitale puisqu'il faut ajouter à cela, la procréation. En ce sens donc, la prostitution est d'avance proscrite car son but n'est certainement pas de faire des enfants qui pourraient servir plus tard le monde du travail comme le veut cette société qui a fait le pari de surpasser son concurrent capitaliste.

Ainsi, que nous soyons dans une société capitaliste ou à forme communiste, le sort des instincts individuels est le même puisque c'est le même dénominateur commun, en l'occurrence l'industrialisation, la technique, qui les gouverne. La politique à l'œuvre ici ne peut être que celle qui embrigade les instincts individuels afin de mieux les contrôler et les dominer. C'est semble-t-il un sort pareil qui est réservé aux femmes dans les sociétés industrielles avancées.

2. L'ACHARNEMENT SUR LES FEMMES

L'une des particularités de la société industrielle établie c'est d'être une société technologiquement dominatrice. Toutefois, si les formes de domination sont ici certainement moins physiques et moins visibles, Il n'en demeure pas moins qu'elles soient présentes et qu'on les ressente. Même si tout cela tend à s'imposer par des artifices qui se donnent l'image d'une rationalité aux traits pourtant irrationnels. Ces formes de domination, aujourd'hui assez sophistiquées, semblent s'être améliorées au fur et à mesure de l'évolution technologique. De sorte que l'on semble parfois les subir et les accepter comme une situation normale. Un peu, comme si, nos esprits ont été préparés à cela.

Quand une domination en effet, finit par être totale dans l'administration, la consommation, la communication, l'économie, le monde du travail et dans différents secteurs d'activités, c'est que la technologie mise en place fonctionne non seulement très bien, mais qu'en plus, elle a pris le temps de se perfectionner et surtout de s'être bien implantée dans des mœurs déjà suffisamment prédisposées à l'accepter. On trouve par exemple des arguments pour démontrer la prééminence d'un sexe sur l'autre, la supériorité de certains États et ou de certaines races. Tout cela passe par une certaine prédisposition des esprits à des acceptations pareilles.

Qu'est ce qui explique par exemple, en effet, que pour la même société industrielle à laquelle appartiennent les hommes et les femmes, la deuxième catégorie citée soit souvent encline à vouloir se constituer en des groupes spécifiques, à vouloir défendre ou revendiquer ses droits, à parler de la préservation de son image. Une telle question posée au sein d'une société supposée évoluée, du fait de son progrès technologique, de son pouvoir d'achat ou de ses différentes possibilités d'épanouissement peut paraître dénuée de sens. Pourtant quel que soit l'endroit où on se trouve, des femmes continuent de se plaindre par exemple, d'acharnement sur leurs personnes, de harcèlement, de discrimination, de sévices de toutes sortes et des fois même, de mort.

Précisément, parce que, si dans les sociétés supposées archaïques, barbares, tyranniques, dictatoriales, peu démocratiques, l'on pouvait s'appuyer sur la force physique, les traditions ou les coutumes pour justifier des oppressions sur le genre féminin ; la société industrielle avancée, à cause de son degré d'évolution, semble ne pas permettre une telle situation. L'on pourrait se demander à quel moment précis l'exploitation de la femme a pris fin dans les sociétés antérieures et quand son épanouissement a-t-il débuté dans les sociétés industrielles avancées. Ou encore, si une fin quelconque de l'exploitation féminine a été constatée à un moment donné de l'histoire, comment explique-t-on alors toutes ces revendications féminines au sein des sociétés industrielles avancées ?

La réalité est que la femme, telle qu'elle a été confinée, limitée, réduite à des tâches inférieures du fait de certaines croyances, habitudes, par des gouvernances, n'est pas encore sortie de la politique de domination y compris dans la société industrielle avancée. Celle-ci est précisément, l'expression d'un long processus historique de domination dont la spécificité consiste à manifester son emprise sur tous les individus et plus particulièrement sur les femmes. C'est ce qui explique qu' « un mouvement de libération des femmes autonome n'est pas seulement justifié, il est nécessaire » (H. Marcuse, 1976, p.42). Cette nécessité s'explique par le fait que des raisons fondées sur une phallocratie ambiante ont, à travers l'histoire des sociétés, d'abord présenté la femme comme étant le "sexe faible" en s'en tenant à sa constitution biologique, pour finalement mettre en place tout un artifice afin de mieux la dominer et l'exploiter.

Cette incongruité remonte hélas à des siècles. Ce qui devrait être insensé est devenu ainsi au fil des siècles, quelque chose de sensé. L'on s'est, en effet, servi du prétexte de la condition physique de la femme, d'abord pour l'écarter des pouvoirs décisionnels dans les sociétés antérieures, ensuite pour lui confier des rôles subalternes et enfin, pour faire d'elle une marchandise de procréation, sexuelle et de vente dans la société industrielle avancée. Pour se rendre à l'évidence d'une telle opinion, il suffit de jeter un coup d'œil sur ces considérations qui lui sont souvent attribuées de façon traditionnelle et qui font d'elle *" une femme au foyer", " impropre parce que faisant ses menstrues"* ou en lui ayant refusé pendant longtemps le droit de vote. Même dans des sociétés qui prônaient la liberté, l'égalité et la justice, à l'exemple de la France où le droit de vote ne leur a été reconnu qu'en 1944.

De telles considérations ont constitué de véritables opinions défavorables à l'encontre des femmes. De véritables atteintes aux droits et à l'image de la femme dans des sociétés dont on était en bon droit de croire qu'elles étaient *plus évoluées.* La réalité est qu'elles semblent plutôt avoir renforcé les réflexions rétrogrades sur les femmes.

2.1. Les réflexions avilissantes sur les femmes

Les pensées communes sur les femmes continuent de persister dans de nombreuses communautés. Les raisons qui les fondent sont bien souvent argumentées à partir d'affirmations qui essayent de se justifier. Cette façon de mettre la femme au second plan était d'ailleurs déjà visible dans l'antiquité grecque. Aristote classait par exemple les femmes dans le lot des "monstres" en soutenant que « d'ailleurs celui qui ne ressemble pas aux parents est déjà, à certains égards, un monstre (...) Le tout premier écart est la naissance d'une femelle au lieu d'un mâle » (Aristote, 1961, p.146). Toutefois, Aristote admet que si la naissance d'une femelle est inscrite dans loi de la nature, c'est seulement dans le simple cadre restrictif de maintenir l'espèce. C'est donc dans un objectif purement utilitariste que la femme est nécessaire.

Au Moyen-âge, à l'époque de la gloire et de l'emprise de l'Église, les femmes ne furent pas moins accusées des péchés d'adultères et de sorcellerie en majorité. Pour le premier cas, il est bien étonnant que pour l'acte sexuel d'adultère, qui engage particulièrement l'homme et la femme, ce soit la femme seule qui soit accusée de tous les péchés. En ce qui concerne la condamnation de la sorcellerie promulguée par le Pape Innocent en 1484 jusqu'à son abolition en 1782, «on compte environ 300.000 femmes exécutées pour motif de sorcellerie en Europe » (Encyclopédie Bordas, 1983, p. 234.2, B, C). Dans ces accusations de sorcellerie, on pouvait entendre toutes sortes d'arguments, tels des réunions qu'on les accusait de tenir le jour du Sabbat, l'art de guérir, une beauté trop éclatante ou le fait de vivre recluse, finissaient par livrer des femmes au bûcher. La condamnation était prononcée même quand elles étaient obligées de dire ce qu'on veut les entendre dire.

On comprend dès lors que les femmes, semblent, en effet, constituer un exemple typique de ce prolongement des indices de la société préindustrielle dans la société technologique établie. Il nous est donné de constater un véritable acharnement sur les femmes dans la société technologique à travers l'utilisation de leur corps pour la publicité. Le fait qu'elles servent de moyen de commerce dans les supermarchés. Que leur beauté soit considérée comme étant leur principale qualité ou que leur nécessité soit établie parce qu'elles aident à la procréation et au maintien de la société de rendement. Tous ces facteurs de catégorisation ne datent pas d'aujourd'hui. Tout simplement, parce que depuis des siècles, la civilisation, qui elle-même s'est construite à travers conquêtes, guerres, dépossessions, toutes sortes d'actes brutaux, a fini par se présenter comme un monde à domination mâle et où la femme a finalement été confinée à toujours occuper le second rang.

Une sorte de théorie dominatrice a été construite tout autour d'elle afin de la maintenir dans des positions subalternes constantes à l'époque pré-technologique. Ce qui semble s'être renforcé avec l'avènement de la société technologique. Ainsi, tout comme cela continue d'être constaté, les femmes ont servi à l'époque pré-technologique, de femme de maison pour ne pas dire de domestique et ou d'objets sexuels.

On continue de les avilir, en définissant certaines d'entre elles par rapport à la prostitution. Tout en oubliant de façon expresse que c'est à deux que se pratique ce *"plus vieux métier du monde",* auquel l'homme fait donc lui aussi évidemment partie. Pourtant, quand l'on parle de prostitution, c'est essentiellement la femme qui est indexée. Comme si on avait une intention réelle de mieux la salir.

Avec tous ces clichés, la gestion du pouvoir et des décisions étaient de ce fait, de façon conséquente, mise hors de sa portée puisque, précisément, sa zone d'existence se limitait au domicile, aux tâches ménagères et à celui d'être considérée comme objet de désirs sexuels. C'est pourquoi, H. Marcuse (1976, p.31) est à même d'affirmer que :

« L'histoire de la civilisation est l'histoire de la domination mâle, du patriarcat. L'épanouissement des femmes a été déterminé et en même temps limité non seulement par les exigences propres aux sociétés antiques, féodales et bourgeoises, mais également par les besoins *spécifiquement mâles.* (...) Alors que les femmes étaient de plus en plus intégrées au processus matériel de production comme objets d'exploitation et comme représentantes du travail abstrait (inégales dans la même exploitation), elles devaient en même temps incarner toutes ces valeurs de paix, d'humanité et de dévouement qui ne peuvent s'épanouir dans le monde du travail».

Le monde s'est jusqu'alors construit selon la vision des hommes. Les femmes auxquelles ce monde appartient aussi ont juste été limitées au statut de sexe féminin et cela quelles que soient les sociétés qui ont pu exister. Dans cette optique, pour une société qui s'est donnée le statut de société mâle, avec des dirigeants, des chefs d'entreprises, des législateurs comme tels ; les femmes ne pouvaient être perçues que comme des êtres de deuxième catégorie. Dans le monde du travail, la situation n'est pas meilleure et c'est l'exploitation qui prend une fois de plus le dessus.

Dans la société industrielle avancée la réplique, sous des formes modernes, technologiques et masquées, tend à faire croire à une promotion de la femme quand se cache en dessous, des réelles exploitations. C'est ce qui explique que :

« Ce n'est qu'en tant que travailleuse qu'elle connut un type d'égalité, mais une égalité répressive, avec l'homme. Son corps et son esprit furent réifiés, ils devinrent des objets. Et de même que son développement intellectuel fut bloqué, ainsi en fut-il de son développement érotique. La sexualité fut objectivée comme moyen vers une fin : la procréation ou la prostitution » (H. Marcuse, 1976, p. 47).

La femme ici semble juste être acceptée par la société, d'une part, parce qu'elle contribue à la productivité dans le monde du travail, d'autre part, parce qu'on limita sa sexualité juste au fait de faire des enfants, à la procréation et à servir d'objet de satisfaction génitale au travers de la prostitution, de la vente érotique de son corps. Pour ce qui est donc de l'entité qu'elle représente et de ses capacités intellectuelles, tout fut mis en œuvre pour en empêcher l'éclosion et l'épanouissement.

À ceux, qui de bonne foi, pourraient donc croire que la société industrielle avancée, précisément du fait de son évolution technologique, a plutôt contribué à un plus grand épanouissement de la femme, certains faits assez constants, devraient pourtant attirer leur attention. C'est dans cette société que, grâce à un juridisme aux raisons bien inconnues, des femmes accomplissent souvent les mêmes tâches que les hommes mais sont moins payées qu'eux ou qu'elles ne peuvent avoir accès à certaines fonctions.

L'on refuse des fois de les employer par rapport à leurs concurrents hommes en prenant par exemple le prétexte qu'elles pourraient être handicapées dans leur travail par des maternités et faire perdre de l'argent à l'entreprise. D'avance, la loi fait de leur mari, dans de nombreux cas, les chefs de la famille. Elles sont sous la coupole politique de certains objectifs démographiques qui font ou non la promotion de la prise de la pilule. Elles sont à la fois objets et moyens de faire vendre la mode, à travers les médias, les affiches, les enseignes publicitaires. Leur corps est bassement objet de marchandisation. Des magazines, des publicités, des films, des offres aux clients dans des hôtels, des clubs de strip-tease, des réseaux de prostitution à échelles de plus en plus vastes, en donnent des preuves. L'on sort ainsi des actions individuelles ou cachées de prostitution. La société industrielle aura ainsi réussi à donner un statut particulier à la femme qui est loin d'être reluisant. Alors qu'on espérait voir dans la société dite évoluée, la femme totalement resplendissante et épanouie, son quotidien semble hélas porter les marques d'un passé de domination en perpétuelle actualisation.

2.2. La domination sur la femme de la société préindustrielle à la société industrielle établie

Avec la société industrielle de contrôle, les choses sont organisées de telle sorte que ce "métier" de prostitution s'exerce de façon à couvrir entièrement la ville, l'État ou même plusieurs continents à la fois. La prostitution est donc recouverte des habits de l'industrialisation puisque ses visées sont celles de la grande entreprise, des réseaux de distribution à l'échelle nationale et planétaire avec des hommes et des femmes qui s'en servent pour se constituer des fortunes et en faire leur principal revenu. La société industrielle avancée gagne ainsi à travers la prostitution, à la fois des dividendes pour se consolider et des moyens toujours efficaces de contrôle. C'est ce qui explique que « la commercialisation du sexe constitue l'aboutissement de la société marchande : le corps de la femme n'est pas seulement une marchandise, mais aussi un facteur vital dans la réalisation de plus-value » (H. Marcuse, 1976, p.54).

La société capitaliste, en effet vend tout, et le corps de la femme n'échappe pas lui aussi à ses opérations de commerce. En plus, il semble contribuer, à travers cette activité honteuse, à augmenter le capital de la société industrielle établie. La vérité est que l'acheteur ici demeure toujours l'homme. L'homme du pouvoir financier qui met tout un mode d'achat en place pour favoriser cette pratique. Considérons, même de façon absurde que ce soit la femme qui favoriserait la prostitution. Si l'homme n'offre pas l'achat de cette prostitution, comment cette pratique peut-elle continuer d'exister ? Dans le tourbillon du marché de l'offre et de la vente que constitue la prostitution, c'est bien l'acheteur qui fixe toujours le prix du marché.

L'acheteur qui n'est autre que l'homme du système de domination, régule le marché de la prostitution, l'entretient, le fait prospérer, peut y mettre fin comme cela l'a été avec l'esclavage, la traitre négrière ou le colonialisme. Dans ces pratiques avilissantes de l'être humain, c'est seulement quand les acheteurs, ont pris la décision de mettre fin à cette inhumanité que celle-ci a cessé de prospérer à grande échelle. Cette responsabilité incombe en particulier à l'homme et c'est chez l'homme en priorité et non chez la femme que cette pratique doit être enrayée. On peut donc se réjouir comme le souligne S.A. Mansson (2004, p.1) de constater ceci :

« La Suède est le seul pays au monde à sanctionner les clients de prostituées. La loi suédoise a été votée avec pour principale légitimation le fait d'établir un instrument de lutte contre l'exploitation sexuelle des femmes qui implique aussi les hommes. Depuis le 1er janvier 1999, date de sa mise en application, quelques centaines de clients hommes ont été arrêtés pour avoir acheté les services d'une prostituée et la plupart ont été condamnés à une amende ».

C'est une petite révolution qui montre du doigt l'acteur principal de ce nouvel esclavage. Mais c'est un grand pas qui expose le rôle, une fois de plus, néfaste de la société marchande dans son intention de tout commercialiser y compris le sexe de la femme.

La réalité encore plus triste est que ce sont toutes les sociétés, depuis l'époque préindustrielles jusqu'à celle dites industriellement avancées, qui alimentent la propagation de la prostitution avec au cœur du dispositif, le pouvoir financier de l'homme aidé par la manipulation, le contrôle et l'exploitation de la femme. Ceci en rappel au fait que ce n'est pas la femme qui a inventé la prostitution, qui l'a entretenu, qui l'exploite et le contrôle, mais bien l'homme.

Dans les sociétés industriellement peu avancées comme celles de l'Afrique, outre la colonisation qui a mis en place un système de plantations industrielles aux mains des hommes, une élite intellectuelle dirigée par eux, la perpétuation d'une domination masculine ; un pouvoir sur le sexe de la femme semble être ce qui est plutôt admis. Ainsi, économiquement, politiquement et sexuellement, l'on a encouragé, ou au mieux, l'on a fermé les yeux sur la domination sexuelle des hommes sur les femmes dans de nombreuses sociétés africaines. La situation semble être dramatique dans ce continent où les moyens de survie semblent être des privilèges pour une bonne frange de la population. En ce sens, l'affirmation de Thomas Hobbes qui stipule que *" l'homme est un loup pour l'homme"* prend tout son sens pour se transformer en *"l'homme est un loup pour la femme"*. D'ailleurs,

« Plusieurs recherches montrent que dans des contextes d'appauvrissement où les hommes ne peuvent se réaliser en tant que tels au travers des formes habituelles d'accomplissement masculin (fonder et entretenir une famille), les performances voire les violences sexuelles tiennent lieu de nouveau mode d'affirmation de la masculinité, qui s'exprime par une modification des pratiques. En Afrique du Sud, la montée du chômage dans les années 1970 a donné lieu à une telle transformation des normes de la masculinité dont a résulté une valorisation du multipartenariat sexuel » (C. Broqua et A. Doquet, 2013, p.11).

Les femmes deviennent des sortes de victimes pour toutes les situations qui pourraient se présenter dans des contrées africaines. En temps de vaches grasses, elles servent peut-on dire, à faire la fête. En temps de vaches maigres, comme dans le cas des conflits ou de l'extrême pauvreté, ce sont des actes masculins chargés de violences, de viols, de harems et d'animalisation à leur encontre qui sont leur quotidien. Le sort des femmes dans ces sociétés peu avancées industriellement est bien celui d'une exploitation et d'un avilissement contre lesquels ces sociétés en pleine construction semblent ne pas pourvoir y faire face de façon équitable et protectionniste. Il ne s'agit pas de mesures particulières dans le but de donner des droits exponentiels aux femmes mais de leur garantir, ne serait-ce que le droit à la dignité. Cette forme de tolérance, voire d'ignorance volontaire à fermer les yeux sur tous ces abus qui se manifestent dans la société préindustrielle, constituent bien évidemment une porte ouverte à la persistance de ces mêmes clichés dans la société industrielle établie.

C'est ce qui explique que d'une autre façon, la tendance pour la société industrielle avancée, afin de mieux avilir le corps de la femme, est celle qui consiste à l'exposer comme un objet pour vendre d'autres objets de cette société. Son corps est généralement plus utilisé que celui de l'homme sur les affiches, les enseignes publicitaires dans les médias, dans les entreprises, pour vendre tout ce que produit cette société.

Elle sert à la fois à vendre des appareils électroménagers, des objets de mode, des armes, des voitures, de la cigarette, de l'alcool et tous les nouveaux objets de cette société de production de masse. Ce qui nous fait comprendre pourquoi « les employés de bureau sexy, les vendeuses sexy, les « managers », jeunes et virils sont des marchandises qui ont une grande valeur commerciale (...)» (H. Marcuse, 1968, p.98). Leur jeunesse, leur fraîcheur est tout à fait propice à inciter à la vente rapide des produits qu'ils exposent. Ils constituent un réel canal de vente.

À cette entreprise, les femmes elles-mêmes se laissent prendre au piège, en tombant sous l'influence suggestive de la société industrielle avancée qui par ses tours de magie technologique promet faire d'elles des vedettes, des célébrités, des étoiles, des "stars", rien qu'à partir de la beauté de leur corps. Toutefois, il ne nous faut pas oublier qu'une étoile, comme nous l'apprennent les astronomes, n'est jamais éternelle. Il n'empêche, pour mieux mettre en pratique sa politique d'administration totale, la société technologique se sert de différents procédés qui lui sont propres.

Elle organise à cet effet des castings, des concours de beauté, des concours "Miss". Même quand on veut les évaluer intellectuellement, un peu comme si elles étaient une espèce à part, la compétition ne se déroule généralement qu'au niveau de leur genre. Pire, la société technologique à force de nous envahir avec ses images, finit par entraîner les femmes à vouloir ressembler à un prototype, généralement sexy, avec un type de chevelure, une certaine taille, un poids, des tenues vestimentaires particulières, tout un arsenal de maquillage etc. Comme si cela n'était pas suffisant, grâce à un procédé envahissant des médias, qui sont devenus de plus en plus puissants, elles sont attirées vers des films "sentimentaux" réalisés à dessein et qui forcement dépeignent sur leur comportement de tous les jours. En plus, dans un calcul bien réfléchi de faire de leurs vies une véritable banalité, c'est leur intimité qui est à présent objet de causerie, d'avis de toutes sortes dans des émissions radiotélévisées ou dans la presse écrite. La manipulation ici semble avoir été si efficace, qu'elles finissent elles-mêmes par prendre goût à cette forme de voyeurisme.

Dans une réflexion sur ce type de pratiques par la télévision, depuis la période des années 90, P. Bourdieu (1996, p.55), constate à propos, que celui-ci

« vise à exploiter et flatter ces goûts pour toucher l'audience la plus large en offrant aux téléspectateurs des produits bruts, dont le paradigme est *le talk-show*, tranche de vie, exhibition sans voiles d'expérience vécues, souvent extrêmes et propres à satisfaire une forme de voyeurisme et d'exhibitionnisme (comme d'ailleurs les jeux télévisés auxquels on brûle de participer, même en simple spectateur, pour accéder à un instant de visibilité) ».

On raffole donc de leur intimité, qui cesse d'ailleurs d'être si personnelle, puisque cela est maintenant exposé à des millions de téléspectateurs à travers le monde. Leurs vies deviennent sujettes à des causeries, à des railleries, à des banalités.

La société américaine qui est présentée comme l'exemple archétypal de la démocratie, de la célébration des valeurs, des droits fondamentaux n'échappe hélas pas à cet avilissement réservé particulièrement aux femmes. La réalité aux États-Unis selon les données démographiques de 2017 recensées à 16h11 minutes le 3avril est de 161 096 529 hommes soit 49, 4 % de la population contre 165 225 516 femmes, soit 50, 6 % (2017, http://countrymeters.info/fr/United States of America (USA)).

Une première présentation qui pourrait laisser croire que nous avons enfin trouvé le paradis sur le sol américain réputé pour tous les qualificatifs généreux auxquels nous venons de faire cas. La réalité semble être décevante. Pour la simple raison que

« La tendance à la chosification, à la marchandisation de la femme, ce que Marcuse appelle réification, est typique de la société industrielle avancée, particulièrement celle des États-Unis, où les femmes constituent un bon canal de vente, à la fois des objets ménagers, des excitants, les loisirs industriels ou les armes ». (A. Salifou, 2017, p.16).

Dans des cas pareils, la femme dans la société américaine sert de canal à la publicité mensongère, à la commercialisation des produits en tous genres de cette société et devient elle-même produit de vente. Il suffit de regarder combien de fois, l'image de la femme est chaque fois utilisée sur les grandes affiches, les enseignes lumineuses, les panneaux, des immeubles, des artères pour se rendre compte de l'abus qui est fait de son être. Les différents salons commerciaux, y compris ceux faisant la promotion des armes de guerre, exhibent les jeunes femmes en les instrumentalisant comme appâts et pire, comme camouflage de l'image de mort que supposent ces armes. H. Marcuse (1969, p.30, 31) nous précise toutefois que :

« L'automobile, la télévision ou les gadgets ménagers, n'ont pas en eux-mêmes des fonctions répressives, mais seulement en tant que, produits selon les lois marchandes du profit, ils sont devenus partie intégrante de l'existence des individus (...) c'est l'intérêt (...) qui se sert des communications de masse pour faire l'éloge de la violence et de la stupidité ».

Ainsi, derrière les objets, il faut voir l'objectif visé par cette utilisation chosifiant de la femme. Il faut y comprendre certainement la politique de la discrimination, de la chosification et de la marchandisation que de nombreux mouvements féminins ne cessent de dénoncer.

Dans cette même veine d'exploitation, l'on se rend compte que dans le monde du travail et dans la sphère politique, la prétendue promotion des femmes faite par la société industrielle établie ne l'est pas toujours dans un souci d'égalité des sexes, mais beaucoup plus dans des orientations qui continuent de maintenir le statu quo de la domination masculine. Il suffit de comparer, par rapport aux hommes, le nombre de femmes à la tête des États, des institutions, des entreprises, des postes de directions et des décisions dans les différentes sociétés industrielles et non-industrielles pour se rendre compte, combien de fois elles sont loin d'atteindre le niveau social de leurs compatriotes masculins. On peut en effet constater avec H. Périvier (2009, p. 20) que :

« Dans la plupart des pays développés, les femmes sont moins promues que leurs collègues masculins toutes choses égales par ailleurs : le « plafond de verre » existe aussi aux États-Unis. Ce phénomène décrit le fait que les femmes sont discriminées dans les procédures de recrutement et de promotion, ce qui implique qu'elles soient moins nombreuses aux postes à responsabilité que les hommes et que cette rareté des femmes se renforce à mesure que l'on monte dans la hiérarchie ».

L'égalité, la démocratie, la parité, la justice et toutes ces valeurs dont s'affuble la société industrielle établie, perdent subitement toute réalité profonde quand il s'agit d'aller à la pratique effective de ces grands principes. Les femmes subissent cette situation illogique à travers un certain nombre de justificatifs immoraux mis en place par cette société qui peine à reconnaitre leur place mais qui a toute une panoplie de raisons incongrues pour mieux les étouffer. Ce qui devrait être un argument de célébration de sa personne, à savoir sa capacité à accoucher des enfants, est devenu un boulet dont on l'affuble pour ne pas l'embaucher, lui confier plus de responsabilité ou permettre son ascension professionnelle. Comme si nous n'avions pas chacun été des enfants, nous-mêmes nés d'une mère.

La réalité est que si dans le pays le plus puissant du monde, les femmes peuvent subir de telles injustices, de telles inégalités, l'on est en droit de s'inquiéter de ce qu'elles pourraient vivre dans des pays proches de ce standing de vie et plus encore dans ceux qui en sont en deçà. Finalement, il faut se rendre à l'évidence que la femme, que ce soit dans la société industrielle établie, dans celle préindustrielle ou industriellement peu avancée, est logée à une enseigne où elle est beaucoup plus une cible que l'autre face de la même société. Après la violence physique à son encontre, c'est la violence et la discrimination qui est son lot pour finalement devenir la victime d'une politique de chosification et de marchandisation.

On comprend dès lors que quelque chose se joue contre la femme dans la société industrielle avancée. Quelque chose où les loisirs, tiennent une grande place, jouent un grand rôle.

3. LA STANDARDISATION DES LOISIRS

Pourquoi la société industrielle avancée présente-elle autant de loisirs ? Pourquoi crée-t-elle autant de jeux et ne cesse d'inventer chaque fois autant d'activités dites récréatives ? Tous ces loisirs permettent-ils réellement, aux milliards d'individus que compte l'univers, de s'épanouir ? Y-a-t-il autant de loisirs que d'individus, surtout si nous considérons que ceux-ci sont avant tout, des personnalités et donc des entités différentes ayant des penchants particuliers ? Un monde avec une dominance de loisirs peut-il faire oublier toutes ces souffrances qui sont pourtant le quotidien des populations, quelles que soient les sociétés dans lesquelles on se trouve ? Ces quelques questions, juste pour relever le fait que la société industrielle avancée a son propre mode de fonctionnement qui n'est pas toujours celui de l'individu pour lequel elle est censée exister. Les loisirs qu'elle donne à voir semblent aussi subir cette forme globalisante.

3.1. Présupposée variété des loisirs

L'une des particularités de la société industrielle avancée, c'est d'avoir créé une grande industrie des loisirs à laquelle tout le monde semble s'adapter dans le but de s'amuser, se distraire, se détendre. Ces loisirs sont d'une variété telle que chacun semble y trouver son goût et son plaisir partout dans le monde.

Pourtant, c'est semble-t-il toujours les mêmes distractions que les individus partagent malgré leurs différences. Cela peut s'expliquer par le fait qu'il existe une sorte de standardisation des loisirs mise en place par la société industrielle avancée et qui fonctionne assez bien.

C'est ce qui explique que ces loisirs attirent autant de monde de différents milieux socioprofessionnels, les passionnent tant et s'imposent à eux selon un rythme sur lequel ils n'ont aucun contrôle.

Les gens s'habillent, se coiffent de la même façon à des périodes biens précises. Ils regardent les mêmes chaînes de télévision, lisent les mêmes journaux, participent ou assistent aux mêmes jeux, écoutent les mêmes musiques, les mêmes stations de radio. Ils s'achètent les mêmes livres, magazines, gadgets, et célèbrent avec euphorie les mêmes fêtes. Il semble en effet, bizarre tout de même, comme si les sociétés sont dans un rétropédalage, dans une involution, de constater que ce qui était appelé mode à des époques bien lointaines, revient dans le quotidien des gens 30, 40 ou 50 ans après. Le démodé est devenu la mode. Les tenues excentriques des années 1950 traversent les âges pour se retrouver en plein XXIe siècle et on crie à la découverte. Les petits sacs accrochés en bandoulières à l'épaule des dames ou la mode "Afro" avec entre autre, des cheveux touffus des Noirs, vit cette même résurrection comme pour dire qu'il n'y a rien de nouveau.

Les individus vont presque tous dans les mêmes lieux de vacances, hôtels, discothèques, sur les mêmes plages. Ils voyagent avec les mêmes moyens de locomotion : avion, bateau, train, voiture, car, métro, tramway etc. On devrait se réjouir de toute cette apparente prodigieuse diversité qu'offre la société industrielle avancée. C'est bien grâce à l'ingéniosité de sa technologie que les individus peuvent autant se distraire avec une telle multitude de moyens. La question qui se pose et qui devrait pourtant nous interpeller est celle qui consiste à nous demander comment la société industrielle avancée réussit-elle à faire partager à des personnes censées pourtant être différentes, des loisirs si communs ?

Le choix des loisirs relève normalement de désirs supposés être individuels. Il y a que dans la société industrielle avancée, les loisirs sont organisés de telle sorte qu'ils visent la généralité, la masse. Nous sommes, il nous faut nous le rappeler, dans une société dont l'évolution technologique a permis une production de plus en plus quantitative, en vue de satisfaire la masse. Les loisirs occupent un maillon important de la société de consommation.

Il s'agit, en effet, pour la société technologique avancée, de proposer, de vendre toutes sortes de loisirs à la masse, de faire certes un maximum de bénéfice financier mais de continuer à maintenir cette clientèle, d'augmenter son nombre en mettant chaque fois en place d'autres procédés de vente. Quand la chaîne réussit à être ainsi bouclée, c'est que la société technologique avancée a fait preuve d'une bonne efficacité à orienter tout le monde vers ses loisirs, à les assimiler et à les contrôler.

3.2. La manipulation des loisirs

Les gens pensent s'amuser comme ils le désirent alors qu'ils sont sous le contrôle des loisirs mis en place par la société technologique de domination. Ils croient satisfaire leurs différents besoins mais ce sont plutôt les besoins créés par cette société, dont ils se contentent. Le résultat d'une telle situation c'est que nous sommes au cœur de «(…) l'euphorie dans le malheur » (H. Marcuse, 1968, p.30). Ce dans quoi les individus croient trouver leur bonheur en suivant les suggestions de la société industrielle avancée n'est rien d'autre qu'un ensemble de subterfuges savamment entretenus pour pérenniser le contrôle de la société du statu quo. En effet :

« Si l'ouvrier et son patron regardent le même programme de télévision, si la secrétaire s'habille aussi bien que la fille de son employeur, si le Noir possède une

Cadillac, s'ils lisent tous le même journal, cette assimilation n'indique pas la disparition des classes. Elle indique au contraire à quel point les classes dominées participent aux besoins et aux satisfactions qui garantissent le maintien des classes dirigeantes » (H. Marcuse, 1968, p.30).

Ce n'est donc pas parce que tout le monde a droit à tout ce que produit cette société de consommation que l'égalité est pour autant rétablie. La seule chose que cela prouve, c'est que la société industrielle établie peut continuer de tenir le monde comme elle le désire. Tout comme ceux qui sont au cœur de son système de domination peuvent continuer de dominer ceux qui n'en font pas partie. Faut-il le rappeler, l'une des grandes capacités de la société industrielle avancée, c'est de maintenir un certain ordre social selon son plan directeur. Non de façon brutale mais grâce au monde illusoire qu'elle a crée par l'entremise des loisirs. Pour donner de cette irréalité envoûtante l'image de la réalité, elle a réussi grâce à sa puissante machine industrielle à coordonner à la fois, publicité, affiches, panneaux, médias, nouvelles technologies de la communication afin d'entraîner tout le monde vers ses différentes productions.

On forme à ce titre, des personnes au métier de *marketing agressif* pour vendre tout objet donné. Des affiches sont placardées partout pour vous obliger presque à vous rendre à des soirées dansantes, à des buffets. Des panneaux publicitaires de plus en plus gigantesques semblent vouloir vous obliger à acheter toutes sortes de produits, à aller à des concerts. La presse écrite, la radio, la télévision se plaisent à soutenir que leur principale ressource provient de la publicité et envahissent pour cela le quotidien des individus avec tous les loisirs de la société de consommation. Dans ce dernier cas, l'impact paraît plus efficace puisque l'on est d'avis, dans l'imagerie populaire, que ce sont des canaux d'informations. Pourtant, dans la société industrielle avancée, ils fonctionnent comme un réseau de manipulation, de promotion de faux besoins et d'un monde illusoire. Pour preuve, il nous faut par exemple savoir que « démocratique, la radio transforme tous les participants en auditeurs et les soumet autoritairement aux programmes des différentes stations, qui se ressemblent tous » (M. Horkheimer et T.W. Adorno, 1974, p.131).

Cette ressemblance des programmes à la radio vaut aussi pour la télévision ou les titres de la presse écrite. Les pouvoirs financiers qui font marcher ces médias sont sensiblement toujours aux mains des mêmes personnes qui se retrouvent sans barrières possibles, d'un endroit à l'autre de ces canaux supposés de communications mais qui sont restés en fait des canaux d'informations à desseins bien inavoués. C'est pourquoi, on peut bien se poser la question de savoir ce que ces médias communiquent réellement si ce n'est ce qui doit renforcer le pouvoir de ceux qui les tiennent et non bien évidemment ce qui le ferait chanceler, changer. On ne peut donc ne pas être surpris de nous rendre à l'évidence, comme nous le rappelle P. Bourdieu (1996, p.14), que :

« Il est important de savoir que la NBC est la propriété de General Electric (ce qui veut dire que, si elle s'aventure à faire des interviews sur les riverains d'une centrale atomique, il est probable que… d'ailleurs ça ne viendrait à l'idée de personne…), que CBS est la propriété de Westinghouse, que ABC est la propriété de Disney, que TF1 est la propriété de Bouygues, ce qui a des conséquences, à travers toute une série de médiations. Il est évident qu'il y a des choses tellement grosses et grossières que la critique la plus élémentaire les perçoit, mais qui cachent les mécanismes anonymes, invisibles, à travers lesquels s'exercent les censures de tout ordre qui font de la télévision un formidable instrument de maintien de l'ordre symbolique »

Ce qui paraît donc évident pour la masse comme sujet d'actualité ne saurait en effet être automatiquement le cas pour le pouvoir médiatique de protection des intérêts. Si cela devrait l'être obligatoirement, on se rendra compte, si on est très avisé, de la façon dont les sujets sont traités tout comme, comment l'on prend la peine de ne pas insister sur leur fond. Même qu'on essayera de faire du dilatoire sur l'inessentiel tout en ignorant l'essentiel. Ce qui fait qu'il n'y a pas de choix réel à faire, si ce n'est de se contenter et finalement de se complaire dans ce qui nous est imposé.

Dans le cas des nouvelles technologies, à l'exemple d'Internet, le phénomène d'envahissement des marchandises de la société industrielle avancée est encore plus impressionnant. Quel que soit là où nous sommes sur le globe, les différentes productions de la société technologique avancée s'ingèrent en un temps record dans notre espace vital sans notre avis. L'on appelle cela pompeusement, *" globalisation de l'information"*, quand c'est l'envahissement qui prend une allure qui échappe encore plus à tout contrôle individuel. Même si on explique simplement que « la communication et le contrôle peuvent s'exercer efficacement à distance ; dans certains cas, les produits immatériels peuvent être acheminés à travers le monde en un temps minimal et aux moindres frais» (M. Hardt et A. Negri, 2000, p.360).Une façon visible, peut-être, de dire qu'on vend beaucoup plus moins cher afin de permettre un plus grand accès des objets de la société industrielle avancée à chacun. Il s'agit d'affirmer en un premier sens aussi qu'aucune partie du monde n'échappe à présent à la politique de la domination contrôlée du statu quo.

Dans un second sens, on peut bien se poser la question de savoir, comment la société d'intérêts peut se substituer en société de philanthropie. Le but final d'Internet est-il de nous rendre la vie si facile, si heureuse, si généreuse ?

P. Engelhard (2012, pp. 168-169) n'y croit pas du tout et affirme que: «insister sur la *semi-gratuité* des informations produites par l'Internet, qui fonderait ainsi la société de l'information, n'est guère plus pertinent parce qu'une part importante de cette gratuité n'est qu'un leurre manipulé par les fournisseurs d'accès pour étendre leurs réseaux ». Là où la société capitaliste de consommation donne d'elle l'image d'une société démocratique, se préoccupant de faire bénéficier à toutes les populations, ses produits ; elle accompagne en même temps toute une politique qui consiste à augmenter ses ressources financières. Les fournisseurs d'accès Internet ont là, une belle occasion de faire acheter des connexions Internet, d'engranger de la publicité, de se réserver des exclusivités de partenariats avec les entreprises productrices et les banques qui s'occupent des transactions, de faire payer tout un ensemble de logiciels, de consommables en vue d'avoir accès au marché etc.

C'est donc ce monde qui est devenu le nôtre où le loisir que nous semblons vivre, s'il est regardé beaucoup plus près, ressemble plutôt à une véritable trappe. Avec une telle évolution de la technique, on peut se demander s'il existe des possibilités de pouvoir échapper, ne serait-ce qu'à un des domaines donnés, à sa capacité de domination. Cela paraît peu évident et c'est ce qu'il nous a été donné de constater ne serait-ce qu'au niveau de chaque individualité. C'est peut-on dire, à une sorte de prédisposition psychique à laquelle nous avons été préparé et ce depuis nos sources instinctuelles afin de mieux accepter, de mieux nous conformer à cette société technologique de domination. Ce qui suppose qu'une entité aussi importante que la liberté individuelle est comprimée, liée et mise au service de la réalité sociale établie qui en use selon ses propres principes.

Quand nous nous retrouvons face à une telle configuration du monde, c'est que toutes les formes d'abus peuvent trouver une certaine explication. Ce qui rend plus clair le fait que tout ait été mis en place pour suffisamment avilir une entité de cette société, en l'occurrence, la définition des femmes comme une classe inferieure. Même si, dans le fond, une telle vérité ne devrait pas être admise. Mais, avec un monde empêtré dans un ensemble de loisirs soigneusement choisis, un maintien des réalités quel que soit le système politique dans lequel nous nous trouvons et une forme factice de vie heureuse, la domination technologique semble avoir plus de garantie de prospérer.

Il nous faut comprendre, comme Marcuse le dit très souvent que toute situation qui advient est d'abord et toujours favorisée par une historicité donnée. Cette historicité est certes existentielle, avec des contingences de domination, mais elle peut être renforcée par une réflexion qui tend à vouloir justifier sa logique, même si celle-là est illogique.

Dans ce dernier cas de figure, des auteurs tels Hegel, Marx et Freud, qui ont eu une influence intellectuelle considérable sur Marcuse, n'en sont pas moins objets de critiques, quant à leurs réflexions, qui semblent précisément, avoir favorisé un continuum de domination technologique qu'il convient de déconstruire. Un risque, peut-on dire qui ne saurait laisser la philosophie marcusienne, prêter elle aussi, le flanc à la critique. À quelles réponses devrait-on s'attendre de la part de Marcuse devant des critiques possibles ?

CHAPITRE II
CRITIQUES CONTRE HEGEL, MARX, FREUD, CRITIQUES CONTRE LA CRITIQUE MARCUSIENNE ET LES RÉPONSES DE MARCUSE

« La machine gouverne. La vie humaine est rigoureusement enchaînée par elle, assujettie aux volontés terriblement exactes des mécanismes. Ces créatures des hommes sont exigeantes. Elles réagissent à présent sur leurs créateurs et les façonnent d'après elles. Il leur faut des humains bien dressés ; elles en effacent peu à peu les différences et les rendent propres à leur fonctionnement régulier, à l'uniformité de leurs régimes. Elles se font donc une humanité à leur usage, presque à leur image » (P. Valery, 1925, p.1045).

La critique des écrits de ces auteurs classiques que sont Hegel, Marx et Freud dans la réflexion marcusienne sur la domination technique et la politique de libération répond à plusieurs impératifs qu'il nous faut préalablement clarifier. Ces auteurs constituent en effet, pour Marcuse, des sources réelles, des repères qui ont servi à la construction de son système philosophique. Il suffit pour s'en rendre compte, de jeter un regard sur leurs influences dans certains ouvrages de Marcuse. Il a d'ailleurs rédigé, sous la direction de Heidegger, sa thèse de Doctorat sur *L'ontologie de Hegel et la théorie de l'historicité (1972)* qui est une relecture philosophique et historique de Hegel. Un éclairage de la logique ontologique reliée à la théorie de la phénoménologie de l'historicité est abordé ici tout comme les principes dialectiques, le devenir de l'être du monde et le devenir de l'être psychique et social de l'humanité.

Dans *Eros et civilisation, contribution à Freud (1963)* où Freud a été abondamment et particulièrement abordé, H. Marcuse précise clairement dans son introduction que « notre but n'est pas d'apporter une interprétation corrigée ou améliorée des concepts freudiens mais de définir leurs implications philosophiques et sociologiques ». C'est un regard philosophique sur la psychanalyse de Freud tout en soulevant les implications sociologiques en vue de dégager les perspectives qui n'ont pas forcément été abordées.

Avec *Le marxisme soviétique (1963)*, la pensée de Marx est reprécisée car dévoyée selon Marcuse par le communisme soviétique. Selon H. Marcuse (1963, p.9), « les Soviétiques (...) recherchent l' « endiguement » de l'impérialisme par la coexistence négociée ». Marcuse ne s'arrête pas là et voit, avec la configuration de plus en plus dominatrice du capitalisme, un changement au niveau des acteurs de la révolution à auxquels Marx fait allusion.

Au fond, c'est, peut-on dire, l'ensemble de la réflexion marcusienne qui est imbibée des écrits de ces trois auteurs. Soit pour en faire ressortir tous les aspects ayant permis la constitution d'une société libre. Soit pour dénoncer, comme nous essayerons de le montrer dans ce chapitre, tous les faits ayant pu contribuer à favoriser la domination et le statu quo de la société technologique. Mais, il y a aussi toutes ces critiques formulées à l'encontre de Marcuse sur la société américaine, son fonctionnement et le changement qu'il espère.

1. CRITIQUE CONTRE HEGEL

Dans plusieurs de ses ouvrages, Marcuse fait allusion à Georg Wilhem Friedrich Hegel pour saisir l'appréciation de celui-ci en tant que théoricien historique de la notion d'État, de la place qu'il accorde au fonctionnement du pouvoir. À la recherche donc de la liberté et de l'amélioration des conditions d'existence qui lui sont chères, Marcuse s'interroge sur une possibilité de retrouver ces traits chez George W. F. Hegel, une des figures de proue de la philosophie politique. La philosophie hégélienne qu'on retrouve au fondement même de la constitution de nombreux États, y compris ceux dits industriellement avancés, a-t-elle favorisé le maintien du statu quo ou a-t-elle aidé à une réelle avancée d'une vie humainement souhaitable ? Marcuse dont la naissance philosophique tire ses prémisses de la philosophie hégélienne, s'y encastre t-il totalement ou s'en démarque-t-il ? De quelle philosophie hégélienne, Marcuse se considère-t-il tributaire ? Pour quelles raisons de telles interrogations naissent-elles ? Ces différentes interrogations nous prouvent une chose : Marcuse a une double appréciation de la philosophie de Hegel. Dans quels domaines Marcuse remet-il en cause Hegel, lui qui s'en est pourtant inspiré pour assoir les premières bases de sa philosophie ?

1.1. Critique de l'ontologie et de l'historicité chez Hegel face aux écrits de jeunesse

L'ontologie et l'historicité constituent chez Marcuse, deux piliers essentiels dans la philosophie qu'il tente lui-même de mettre en place. Toutefois, Marcuse reste prudent à l'égard de l'ontologie et de l'historicité, telles que développées par Hegel. Dans un article publié en 1932 dans la revue Gessellschaft éditée par Rudolf Hilferding, rapporté par R. Wiggershaus, H. Marcuse (1932, p.536) donne à voir la vision qu'il a de l'ontologie et de l'historicité. Il affirme parlant de l'homme en général que :

« Chez lui, essence et existence *se séparent :* son existence est un moyen de sa simple existence physique.

Si l'essence et l'existence sont à ce point, séparées et si leur réunion comme la réalisation *de facto* est le *devoir* véritablement libre de la praxis humaine, alors là où la factualité s'est installée au point de pouvoir *pervertir* complètement l'essence humaine, *la suppression radicale* de cette factualité est le devoir absolu. C'est précisément la considération sans erreur de l'essence de l'homme qui devient le moteur implacable de la justification de la révolution radicale(…) ».

L'essence, l'ontologie ne saurait être totalement arrimée à l'existence, à son historicité comme la marque d'un déterminisme implacable et définitif. Ce qui pourrait définir l'homme n'est pas ce qui est fait de lui mais ce qu'il devient. Les deux entités sont séparées et ont chacune leur autonomie. Par contre, si un quelconque lien devrait être retenu entre ces deux facteurs, ce ne serait pas dans un cadre essentiel mais inessentiel qui doit être déconstruit précisément par la philosophie du changement et mettre fin au statu quo social. Rien ne saurait donc être admis chez l'individu de façon définitive ou supra-historique sans que l'existence de celui-ci ne se projette soit même dans des circonstances qu'il se créé pour une meilleur réalisation de sa personne. La liberté individuelle est, en ce sens, le moteur principal de toute action en vue d'un changement réel et véritable dans l'existence de l'individu. Mais encore, il nous faut peut-être savoir que l'existence dont parle Marcuse n'est pas quelque chose de factice, d'idéel et n'admet pas toutes sortes de sacrifices y compris celui d'une privation concrète de la liberté. La liberté n'est pas en effet, quelque chose qui devrait être seulement chantée ou clamée alors que les chaînes de l'oppression continuent d'être dressées. Il n'y a pas de liberté si l'on n'est pas capable de s'exprimer comme on le veut, de se mouvoir comme on le sent, de décider de ce qu'on veut. On ne peut réellement parler de bien-être si nous devons nous contenter de mener une existence déjà dessinée pour nous. C'est pourquoi, faire croire qu'on est libre en esprit alors qu'en réalité, on est en prison, c'est se montrer complice des bourreaux de la liberté.

La liberté ne se résume pas en effet, essentiellement à un état d'esprit ou à quelques convictions, mais à des faits réels qui devraient pouvoir la démontrer.

C'est en ce sens que Marcuse s'étonne de ce que l'on puisse clamer une quelconque liberté ou autonomie quand l'on demeure derrière les barreaux ou quand l'on est sous des pluies de bombes.

Dans cette critique, c'est un doigt qui est dirigé en direction de *l'existentialisme sartrien*, qui laisse penser que tout est mis en œuvre pour qu'une quelconque essence ne prédétermine pas l'existence individuelle, mais qui en réalité semble nous faire vivre une politique de l'autruche. Dans cette philosophie sartrienne, Marcuse dénonce un fait fondamental qui consiste à croire qu'on peut toujours se considérer libre intérieurement même si extérieurement tout prouve que notre liberté est en danger. En fait, H. Marcuse (1970, p.230) citant J.P. Sartre, indique que :« la voie de l'existentialisme conduit donc une fois de plus à confirmer la vieille façon de voir idéaliste qui veut que l'homme soit libre jusque dans les chaînes ; ou, si l'on veut, pour reprendre la formule de Sartre : « Les tenailles du bourreau ne nous dispensent pas d'être libres » ». Comment peut-on être libre, y compris dans les fers ? Avoir une telle pensée, n'est-ce pas cautionner la continuité de la maltraitance et de l'embrigadement, même si on laisse croire qu'on combat cela ?

Il faut en effet, se poser des questions sur le sens d'un prétendu combat qu'on mènerait réellement sur une situation donnée, quand on n'engage pourtant aucune action claire pour montrer la position que nous soutenons tout comme sur les voies de lutte à emprunter et les changements auxquels on veut aboutir. L'engagement philosophique est d'abord le signe d'une réelle action. Celle-ci passe par une analyse de la situation présente avec toutes ses implications historiques et ses conséquences, la stratégie de lutte à mener pour opérer un changement qui puisse faire de la vie des individus une réelle qualité d'existence et la proposition des différents horizons vers lesquels le monde pourrait s'orienter.

Ces précisions faites, la relecture que Marcuse fait de la philosophie hégélienne peut être saisie à deux niveaux donnés. Il y a d'abord l'appréciation que Marcuse fait des écrits de Hegel au niveau ontologique d'une part et les vues historiques qu'il porte d'autre part, sur sa façon de considérer le fonctionnement de la société, de l'État et surtout sur l'influence que ces deux derniers points ont sur l'individu. La relecture marcusienne sur la réflexion hégélienne, pour être plus précis, se mue ici en une sorte de critique à l'encontre de toutes les entraves à l'expression de la liberté individuelle, du devoir de l'État d'être le garant d'une vie harmonieuse pour les populations et de la véritable réalisation des valeurs universelles dans le quotidien de l'humanité. Toutefois Marcuse salue, en bien de circonstances, les écrits hautement contributifs du jeune Hegel pour une meilleure socialisation et l'enrichissement de la connaissance. Il ne manque pas de rappeler aussi des points qui ont certainement pu favoriser un appauvrissement de la pensée et mis en danger la liberté.

1.2. L'ontologie et l'historicité chez le jeune Hegel

Les écrits du jeune Hegel datent de 1790 à 1802, avant la mise en place du « premier système hégélien» (H. Marcuse, 1968, p.107). Si le « premier système » est le début de la philosophie hégélienne telle que nous la connaissons, avec « une logique, une métaphysique, une philosophie de la nature et une philosophie de l'esprit » la philosophie de la jeunesse hégélienne, encore assez différente de l'ordre établi, est plutôt favorable à une place de choix accordée à la liberté individuelle, à son autonomie et à son épanouissement. Ce que H. Marcuse (1968, p.79) retient dans l'économie politique du jeune Hegel, c'est qu'il s'interroge sans cesse « sur la vraie relation entre l'individu et un État qui ne permet plus l'épanouissement des richesses de l'individu, et qui existe comme institution étrangère, «aliénée», dont s'est détaché l'intérêt actif des citoyens »

Pour le jeune Hegel cité par H. Marcuse (1968, p.78) :

« L'esprit d'un peuple, son histoire, sa religion, son degré de liberté politique ne se peuvent considérer isolement, ni en ce qui concerne l'influence de ces facteurs les uns sur les autres, ni en ce qui concerne leur nature propre. Ils sont indissolublement unis comme les fils d'une seule étoffe».

Il y a une corrélation entre tous les secteurs d'activité au sein de l'État. L'affaiblissement de l'un a forcément un impact négatif sur l'autre. La véritable légitimité de l'État doit être son intérêt constant à garantir les capacités d'enrichissement et d'épanouissement de tous les individus en son sein. Nous sommes loin ici de toute destinée mythique ou mystique à la tête de l'État et d'une légitimation de ses actes les plus illégitimes pour une raison que ce soit. Ceci est une critique réelle du pouvoir de l'État libéral face à l'individu dont il est censé garantir la liberté économique, la liberté d'entreprendre et les possibilités véritables d'enrichissement mais qui, dans le fond, semble plutôt être utilisé par le même individu pour renforcer sa domination. C'est la richesse des individus qui conforterait la richesse de l'État. P. Kostas (1999, p.10) rappelle, en référence au jeune Hegel, que :

«L'individu a cessé d'être une «ombre irréelle» comme il était dans les cités antiques, dans les despotismes orientaux et dans les sociétés traditionnelles (que Hegel appelle «substantielles»). Il s'est affirmé et s'est développé dans tous les domaines » L'individu est non seulement un acteur essentiel dans le développement de l'État et de son économie mais il en constitue surtout le fondement, avec les autres individus. Ces pensées du jeune Hegel, qui auraient pu constituer un véritable levier pour une économie politique d'autonomie individuelle et de liberté véritable, empruntent une déviation où le même individu est finalement noyé dans la suprématie d'un État, auréolé d'une mission divine qui serait incarnée par la raison universelle.

1.3. La déviation de la philosophie post-hégélienne

Parlant de l'État et de son fonctionnement, selon H. Marcuse (1968, p.258.) : « Hegel y voit « un pouvoir autonome » dans lequel « les individus sont seulement des moments », ou encore «la marche de Dieu dans le monde » ». Une telle façon de considérer les individus et l'État censé les incarner est, peut-on dire, aux antipodes de l'esprit marcusien dont la particularité est précisément de réaffirmer la personnalité, l'épanouissement véritable, la liberté de l'individu, l'autonomie des populations face à toute forme de domination et le devoir de l'État à constituer une image réelle de la multiplicité communautaire qui le compose tout en garantissant à chacun le minimum de bien-être et une vie meilleure. C'est ainsi que H. Marcuse (1969, p.150) écrit que :

«Conduire l'existence à la vérité, c'est changer «réellement» l'existence dans la concrétude, et non pas seulement changer (en surface) ses formes et ses structures effectives (...); c'est changer la manière d'exister elle-même qui est à la base de toutes ses formes ».

Il ne s'agit donc pas d'émettre de grands principes sur la vie, de tenir des discours formellement bien construits quand la réalité, l'existence elle-même, sur laquelle tout cela devrait trouver sa réalisation, est ignorée. Ce que Marcuse reproche à la philosophie hégélienne, c'est « cette forme d'infantilisation, peut-on dire, qui fait que l'État est au début et à la fin de toute action individuelle et que l'on lui doit allégeance absolue » (A. Salifou, 2017, p.211). Tout simplement parce qu'il incarnerait la Raison. Mais de quelle Raison parle-t-on ici et à quel État fait-on allusion ? C'est là que devrait résider la principale interrogation se rapportant à l'État hégélien. H. Marcuse (1968, p.262) indique simplement que Hegel :

« Est coupable non pas tant de servilité que de trahison envers ses plus hautes idées philosophiques. Sa doctrine politique abandonne, en effet, la société à la nature, la liberté à la nécessité, la Raison à l'arbitraire ; elle reflète, ce faisant, le destin d'un ordre social qui tombe, à la poursuite de sa liberté, dans un état de nature bien en dessous de la Raison ». Le constat est que la Raison, censée garantir les conditions d'une économie politique juste, d'une plus grande rationalité, d'une réelle autonomie des individus, d'un véritable épanouissement, d'un mieux-être, s'est, avec tous les pouvoirs qu'on lui a reconnu dans l'État, muée, plus à une forme de domination manifeste qu'à ce qu'on attendait d'elle. Marcuse se tourne donc vers Karl Marx, chez qui il voit des sources d'une réelle économie politique moins pervertie

Ce que recherche Marcuse chez Hegel, c'est comme le souligne M. Cranaki (1972, p.6) dans la *préface de l'ontologie de Hegel et la théorie de l'historicité*, de ne plus passer son temps à *«(...) analyser, mais de changer la vie »*[3]. Porter une analyse sur l'existence, ses contradictions, ses faiblesses, ce sont sans doute de très bons préceptes. Mais cela n'est pas suffisant pour que nous nous en contentions. Une telle prise de position de Marcuse s'inscrit bien évidemment dans sa philosophie qui œuvre pour un mieux-être et non pour une simple constatation de l'être.

Il faut en effet, quand on a perçu fondamentalement le déroulement de la vie, voir les courbes qu'il nous faut relever, les injustices qu'il faut réparer, les changements qu'il faut définitivement opérer. C'est pourquoi Marcuse intervient lui-même, avec plus de précision, en soutenant dans cet ouvrage majeur, l'*Ontologie de Hegel et la théorie de l'historicité,* ce qu'il entend, à travers le regard qu'il porte sur les notions de vie et d'historicité chez Hegel. Ce que H. Marcuse (1972, p.16) perçoit ici, c'est une forme de tradition qui semble avoir pris racine et qui tend à

«(...) figer les découvertes de la phénoménologie et de la logique. (...) » Or, insiste Marcuse, en ce qui concerne toujours cette tradition, « ... elle n'a pas voulu réexaminer la logique hégélienne en prenant pour centre le concept ontologique de la « Vie » et de son historicité. En cela, il est vrai qu'elle ne faisait que prolonger la tendance même de Hegel à métamorphoser sa position initiale ».

La position initiale de Hegel, celle de ses premiers écrits, ne perçoit en effet pas la "vie", comme une entité définitivement achevée mais continuellement en œuvre. Ce qui cadre tout à fait avec la vision que Marcuse a d'une philosophie de la "vie"

Marcuse fait, en effet, la distinction entre la philosophie initiale de Hegel, c'est-à-dire, celle des écrits de jeunesse, proches de la réalité sociale et politique et les écrits post-jeunesses. La réalité sociale doit être entendue comme le fait d'être proche des masses souffrantes, de chaque fois souhaiter un cadre étatique beaucoup plus propice à garantir les libertés individuelles plutôt que de se limiter à une philosophie analytique. Ce qui est tout à fait différent de la philosophie post-jeunesse hégélienne, marquée par un ensemble de considération qu'il faudra nécessairement dépasser.

C'est pourquoi, H. Marcuse (1972, p.16) peut s'assigner la tâche de «(...) rendre explicite ce qui, pour Hegel, était encore réalité vivante (puisque la situation originelle de sa philosophie était tout autre) et resté inexplicite pour cette raison ». La vie ne saurait être figée. C'est bien pour cela qu'il faut y voir toute la dynamique qui l'anime à la fois dans son déploiement tout comme dans son advenir, lui-même marqué par des conditions d'existence. Ignorer cela c'est comme figer la vie dans un déterminisme automatique, là où elle-même se présente comme un ensemble de contradictions qui cherchent à surmonter leurs propres contradictions et non à en subir leurs réalités.

Dans *Raison et révolution, Hegel et la notion de la théorie sociale (1968)*, Marcuse devient de plus en plus précis en touchant, dès son introduction, à un des points centraux de l'ontologie hégélienne représentée par l'idée de *Raison.* On sait en effet, l'importance que revêt la notion de Raison dans la philosophie hégélienne. On peut même dire que c'est elle qui fonde ici tout le processus de l'univers depuis *la science de la nature* jusqu'à *l'esprit absolu*, en passant par la *phénoménologie de l'esprit* et *l'esprit objectif.*

G. W. Hegel (1965, p.10) affirme à propos que « la Raison gouverne le monde et par conséquent gouverne et a gouverné l'histoire universelle. Par rapport à cette Raison universelle et substantielle, tout le reste est subordonné et lui sert d'instrument et de moyen ». Ainsi, pour Hegel, rien de ce qui arrive, est arrivé ou arrivera, ne l'est sans la marque de la Raison, qui est au cœur de tous les évènements et permet au monde de connaître une évolution donnée. Mieux, c'est de façon rationnelle, ordonnée que le monde évolue sous le couvert de la Raison. Cet ordre, cette rationalité ne se fait pas de façon linéaire, plate mais sous forme d'oppositions, d'affrontements, de contradictions qui ne sont en fait que des dépassements, des surpassements, des évolutions d'une raison en marche. De quelle *raison* parle Hegel ?

Marcuse se demande, en effet, si l'évocation de la Raison n'est pas en fait un prétexte pour laisser prospérer tous ces actes répréhensibles constamment posés par des tenants de pouvoirs ? Ne se cache-t-on pas derrière l'idée d'une raison, qui accompagne la prétendue marche du monde, pour en fait justifier tous ces crimes, ces injustices, ces dominations qui jalonnent l'histoire des sociétés? C'est d'ailleurs pour répondre à ces interrogations que H. Marcuse (1968, p.48) soutient à propos que :

« La Raison, en tant que développement et application de la connaissance-en tant que « libre pensée » a été l'instrument qui a créé le monde dans lequel nous vivons ; elle a aussi été l'instrument qui a permis l'injustice, le travail forcé et la souffrance. Mais la Raison, et la Raison seule, contient son propre correctif ».

Si tout doit être perçu comme provenant de la Raison, si c'est grâce à elle que le monde se maintien et qu'il évolue ; c'est qu'elle est à la base de ses réussites mais aussi de ces nombreux échecs, drames, malheurs qui frappent chaque jour le monde à travers, le chômage, la pauvreté, les crimes, les guerres… On est en effet, frappé par cette simplicité, cette facilité de tout mettre sur le dos d'une raison universelle qui guiderait le monde, l'organiserait dans des buts ignorés mais dans des vécus réels qui sont loin d'être raisonnables. Ce qui nous entraîne dans une sorte de supra-pouvoir, de spiritualisme et de mythologie de la raison. Là où on s'attendait bien évidemment à la rationalité, la démonstration, la légitimité.

E. Brehier (1991, p.675) reste lui aussi interrogateur face à ce pouvoir surdimensionné que Hegel accorde à la raison et ceux qui sont supposés l'incarner aux plus hauts niveaux, tels les princes, les rois ou les monarques. C'est pourquoi il affirme que « nulle part (…), si l'on songe à la situation historique dans laquelle Hegel élabore sa philosophie politique (…) on ne voit mieux comment ce décret a priori s'accorde avec l'expérience immédiate et contemporaine ».

Une façon bien évidente de rappeler que la raison, si elle devrait être célébrée ne saurait se limiter dans un pouvoir de domination d'une quelconque autorité tant que les sujets qu'il est censé représenter sont loin de vivre les prétendus bienfaits de ce que la raison devrait incarner en termes par exemple de justice, d'égalité, de bonheur ou d'humanisme en tout genre.

L'on voit ainsi que la raison telle que célébrée par Hegel reste encore loin des aspirations qu'elle devrait véritablement incarner dans le quotidien des populations même si, c'est toujours dans la raison elle-même encore qu'il faut trouver les moyens de son redressement. Avant qu'un tel rectificatif ne soit encore possible, la raison demeure hélas autre chose que ce qu'elle aurait dû être.

1.4. L'avènement de la raison instrumentale

Si le monde dans lequel nous vivons, celui à venir, sont tous les fruits de la Raison, il est à craindre en effet, qu'avec l'emprise technologique de plus en plus manifeste dans le monde, cette raison ne soit définie comme étant une simple raison instrumentale. Alors que la Raison devrait pouvoir trouver en elle-même les ressorts qui lui permettrait de rectifier ses propres erreurs.

« Le sujet qui a conquis la matière souffre sous le poids mort de sa conquête. Ceux qui prônent et dirigent cette conquête l'ont utilisé pour créer un monde dans lequel l'augmentation du confort et la puissance omniprésente de l'appareil de production maintiennent les hommes asservis à l'état de choses existant » (H. Marcuse, 1968, p.49).

La Raison, dont les orientations cadrent justement avec les orientations technologiques de ce monde, c'est-à-dire, le fait de ne pas être en priorité à la recherche d'un humanisme réel mais d'admettre que tout ce qui advient était prévisible et donc calculé est, peut-on dire, à la base de la situation de plus en plus déshumanisante que fait vivre la technologie dans les sociétés.

Au fond donc, la Raison, dont le principal dépositaire est chez Hegel, l'État, se mue finalement en une raison qui gère tout, y compris la vie des individus. Pourtant, à propos de la vie, certains écrits de Hegel semblaient prétendre autre chose.

En puisant dans *la phénoménologie de l'esprit* de Hegel, Marcuse rapporte en effet, que la vie, et singulièrement la vie des êtres humains, a la particularité de se singulariser par son autonomie, de se dépasser, de s'améliorer par sa mobilité, de s'orienter en allant à la rencontre de l'autre avec qui il peut créer une communauté de vie. Une telle vie est capable de surmonter sa situation de dominé en opérant un renversement et finalement, en devenant certainement le dominant ou en faisant naître un climat de respect mutuel.

« Cette détermination plus formelle de la Vie comme Savoir se fonde encore pour sa part sur un autre fait, directement tiré des caractères de la vie exposés dans le passage de la Phénoménologie, interprété plus haut. (…) Par essence, la vie exige en elle-même, non seulement d'être connue, mais aussi d'être re-connue ; elle devient vie, non seulement pour une conscience de soi, mais avant tout pour une autre conscience de soi »[4] (H. Marcuse, 1972, p.247).

On voit bien que selon l'interprétation que Marcuse fait du concept de vie à partir de la phénoménologie hégélienne, celle-ci met l'homme au-devant de ses propres responsabilités à s'assumer et à créer la communauté humaine qui lui est propice et à laquelle il s'identifie tout en exprimant son identité. Dans l'évolution réelle des choses, il semble bien que ce ne soit pas, tout à fait, ce que la philosophie du même Hegel a laissé entrevoir.

Marcuse reproche en effet, à celle-ci d'avoir servi à la consolidation de tendances dominatrices, à l'exemple de ce qui se constate dans le monde technologique ou simplement, d'avoir pu constituer une source d'inspiration qui a favorisé la domination. Comme l'affirme en avant-goût V. André (1970, p.96) lorsqu'il affirme ce qui suit: « Si la liberté est la faculté de décider de sa propre vie sans priver les autres de cette faculté, alors la liberté n'a jamais été une réalité historique jusqu'à ce jour ». Dans la société industrielle établie, où un ensemble de contraintes dirige l'existence, cette maxime semble trouver toute sa véracité. C'est pourquoi, l'affranchissement auquel tout individu a droit, s'il se trouve dans une situation de captif ne devrait donc pas par exemple se muer par la suite en une nouvelle forme de domination.

Dans la philosophie hégélienne, il est souvent fait cas de ce que l'on appelle, la dialectique du maître et de l'esclave, qui a comme point central le travail. Par le travail, le maître maintient l'esclave comme travailleur et jouit de ses efforts. L'esclave pour sa part cesse d'être une simple conscience pour-soi et devient une conscience en-soi. Sans les objets et les fruits du travail de l'esclave, le monde en lui-même, serait privé de certaines choses matérielles et le maître n'aurait rien, qui lui permettrait de toujours revendiquer ce titre. On peut ainsi dire que « Hegel a développé (...) la relation du maître et de l'esclave comme une relation où chaque partie s'avise qu'elle a son essence dans l'autre et qu'elle ne parvient à sa vérité que part l'autre » (H. Marcuse, 1968, p.208). À y voir de près, rien n'a finalement changé dans le fond, si ce n'est d'admettre que la domination persiste même si elle a pris de nouveaux habits moins visibles, mais tout aussi réels.

Malgré tout les apports de l'esclave dans le monde, ses réalisations, dues certainement à son talent, son génie ou toute autre capacité ; sa réalité est qu'il ne cesse d'être l'être d'un autre auquel il continue d'obéir. Même si pour Hegel, «(...) seule la pensée, la pure pensée, répond aux exigences de la liberté parfaite ; car la pensée se « pensant » elle-même est entièrement pour soi dans son être autre; elle n'a pas d'autre objet qu'elle-même ». La liberté devient ainsi une préoccupation intérieure quand la souffrance est quant à elle pourtant réelle, visible, papable et quotidienne. Une telle façon d'appréhender les réalités peut être sans aucun doute perçue comme une façon de se plier à la réalité de la domination des plus forts sur les plus faibles et de s'en remettre à une sorte de destin qui ressemble fort bien au maintien d'une politique de statu quo.

Les chaînes de l'esclave sont partout visibles sur son corps mais il devrait paradoxalement se sentir libre intérieurement et espérer en une certaine apothéose de la Raison qui devrait atteindre dans une sorte de prophétie sa réalisation totale. Quand donc un tel événement va-t-il enfin se produire ? Nul ne le sait et peut-être pas même Hegel. Surtout, si l'on s'en tient à la religiosité qu'a pu prendre vers la fin, sa philosophie. On peut croire que cette fin coïncide avec la religion chrétienne. Comme le rappelle E. Bréhier (1991, p.681) commentateur d'histoire de la philosophie, qui précise que :

« Chez Hegel le groupement politique, encore extérieur, passe à ce groupement spirituel où, dans la communion de l'Église, ce qui vient du sujet individuel se fond avec ce qui part de l'esprit absolu. Le stade le plus élevé de l'Esprit, retourné à soi et chez soi, après s'être posé en lui-même comme esprit subjectif et s'être manifesté extérieurement dans l'État et dans l'histoire, c'est la Religion, entendue comme unité de la vie spirituelle intérieure ».

La politique, l'État et nos vies individuelles se fondent ainsi dans la religion, dans l'Église entendue comme le socle le plus solide où la vie trouve sa signification à travers la présence permanente de l'esprit absolu. C'est aussi au nom de telles considérations opaques qu'a pu prospérer le colonialisme et que ceux qui étaient censés apporter la bonne nouvelle étaient aussi ceux qui oppressaient ou qui se trouvaient du côté de l'oppresseur. Ce qui donne de l'image de la philosophie hégélienne, celle qui au lieu de racheter nos vies en peine afin de les élever vers une existence qui mérite d'être vécue est plutôt celle qui semble éternellement perpétuer une vie d'enfer. Pour mieux formaliser cette autre forme de domination où religion et divinité sont sollicitées, c'est encore l'État, grâce à la légalité qu'elle est censée incarner, qui sert de couverture.

1.5. Comment la domination se manifeste au cœur de l'État hégélien.

Les considérations que Hegel rattache à l'État se retrouvent déjà dans les rapports étatiques. C'est en ce sens que dans les rapports des pays industrialisés avec les pays préindustriels, ces mêmes pratiques sont une fois de plus de mise. L'on entretien dans ces rapports, le mirage d'une certaine égalité quand dans ce que l'on appelle "le concert des nations" c'est plutôt la musique discordante des sociétés industrielles établies qui est jouée à longueur d'années. Cela n'est pas prêt de prendre fin maintenant. Que vaut donc le fait de croire en une pensée qui dit qu'on est libre, qu'on a une conscience pour-soi, quand en réalité on n'a aucun pouvoir de décision ? À quoi bon espérer en un avenir quand nous ne savons pas de quoi il sera fait et que nous ne sommes aucunement acteur de son avènement ? Au sein même des différents États constitués, il importe de se demander s'il s'agit réellement de veiller à l'épanouissement individuel, à la prospérité de la communauté ou à l'harmonie nationale comme cela aurait dû l'être, si on s'en tient aux objectifs que se sont assignés les hommes en voulant vivre ensemble ou est-ce plutôt à autre chose que nous assistons ?

L'État tel que présenté par Hegel, considéré lui-même par les spécialistes comme un philosophe qui a donné bien de lettres de noblesses à la notion d'État, suscite toutefois de nombreuses interrogations dans l'entendement de Marcuse. Des inquiétudes qui semblent hélas se justifier si l'on prend la peine de jeter un regard sur les possibilités qu'offre véritablement l'État hégélien en ce qui concerne la garantie de la liberté individuelle ou collective. C'est-à-dire une vie harmonieuse, moins pénible et offrant les possibilités d'un minimum de bien-être à chacun. Hegel parle justement de l'État comme d'un système accompli, une incarnation privilégiée de la Raison, garant par excellence des réalités accomplies dans tous les domaines ; puisque nous sommes ici dans la philosophie de l'être, de ce qui est déjà rationnellement réalisé. Ce qui veut donc dire qu'il n'y a pas de place pour les considérations individuelles, personnelles et que c'est une tentative vaine que de vouloir substituer une réalité autre à la réalité actuelle.

L'État, avec tous ses moyens légaux, matériels devient finalement avec ceux ou celui qui l'incarne, la seule raison valable, la seule vérité et toutes ses décisions sont exécutoires précisément à cause de "la raison d'État''. C'est en ce sens que Saint Paul apôtre (1999, p.1216) exhortait déjà à ce :

« Que tout homme se soumette aux autorités supérieures, car il n'y a pas d'autorité qui ne vienne de Dieu, et celles qui existent ont été mises en place par Dieu. C'est pourquoi celui qui s'oppose à l'autorité lutte contre une disposition établie par Dieu, et ceux qui sont engagés dans une telle lutte recevrons le châtiment qu'ils se seront attiré ».

Mais Dieu est-il vraiment le responsable de tous ceux qui se considèrent comme étant des autorités quand tous leurs actes vont à l'encontre des préceptes divins de charité, de bonté, de justice ou de paix ? Contre toutes ces considérations tendant à légitimer des pouvoirs qui ne mériteraient pas forcément un tel statut et que prend en son compte Hegel, en s'érigeant en défenseur absolu de l'État, Marcuse pose la question de savoir au nom de quel principe tangible, l'État peut être déifié quand les individus eux-mêmes qui le composent ne ressentent pas forcément et concrètement les effets de cette divinisation dans leur existence quotidienne ?

Ce qu'on remarque, c'est que sous le couvert d'une histoire universelle qui serait en train de s'écrire, sous l'impulsion de la divinité, à travers une ou des autorités supra-humaines, représentées par ceux qu'on appelle *"les hommes ou individus historiques (dans le texte de Marcuse, Raison et révolution,) p.277''* et qui seraient auréolés d'un pouvoir qu'on dit hors du commun, avec des lois et des moyens matériels à leur disposition qui semblent garantir la liberté et la justice pour tous ; il se dessine plutôt un État autoritaire, monopolistique se donnant tantôt les attributs d'une monarchie éclairée. C'est un État qui se présente aussi sous la forme d'un libéralisme mais dont les actes sont loin d'être libéraux. Ce qui est, ou paraît plus être, c'est une domination totale, à la fois sur des peuples et des individus, qu'autre chose. À propos des *" individus historiques''* que sont par exemple *Alexandre, César, Napoléon*, H. Marcuse (1968, p.276) note à la lecture des ouvrages de Hegel, que « leurs actions (...) obéissent à leurs intérêts personnels ; mais l'intérêt particulier, chez eux, devient identique à l'intérêt universel, lequel transcende infiniment celui de n'importe quel groupe particulier».

Ce qui signifierait donc que *"les individus historiques''* n'agiraient pas dans une intention purement personnelle puisque tous leurs actes, insufflés par l'esprit universel, ne vise qu'à traduire l'intériorité de chacun. Bonne prophétie de foi peut-on dire, mais la réalité est que, comme le constate H. Marcuse (1968, pp277-278), « la loi de l'histoire, que représente l'esprit du monde, est ainsi à l'œuvre dans le dos et au-dessus de la tête des individus sous la forme d'une puissance anonyme irrésistible ».

Pourtant, ce qui importe, pour des êtres doués de raison, c'est bien qu'ils soient avant tout conscients de ce qui est préférable et avantageux pour eux-mêmes d'abord. Qu'ils décident de façon individuelle, autonome et équitable comment réaliser leurs aspirations plutôt que d'être orientés vers un but qu'on leur attribuerait à partir de considérations qui demeurent encore floues. Précisément parce que cela est hors de leur portée en tant qu'hommes doués d'une raison qui est finie.

Mêmes les lois, censées régir une vie harmonieuse en société, à travers une constitution aux pouvoirs clairement séparés que les populations auraient, en toute conscience, adopté, ne semblent pas rencontrer une adhésion totale de la part de Hegel. Il exprime en effet, sa préférence au pouvoir monarchique car empreint selon lui, de l'autorité divine. De sorte que ce qui est devenu au fil du temps, une sorte de tradition, à savoir la division du pouvoir en ses instances exécutive, législative et judiciaire paraît être aux yeux de Hegel que cite H. Marcuse (1968, p.261)

« Comme préjudiciable à l'unité de l'État (...) » Et sa préférence est clairement orientée vers « (…) le monarque, homme destiné à cette position par sa « naissance naturelle ». Il peut représenter la liberté suprême, car il demeure en dehors d'un monde de liberté fausse et négative et il est élevé « au-dessus du particulier et du conditionnel » ».

Avec une telle vision, il ressort que l'État paraît être pour les individus, plus une soumission qu'une participation, une situation statique qu'historique puisque tout est d'avance défini. Pourtant la philosophie hégélienne semblait plutôt faire admettre à travers ses grands principes une sorte d'historicité pour chaque individu. Par le fait même que celui-ci doit sortir de son individualité, l'éprouver par la rencontre avec l'autre afin de pouvoir se reconnaître en lui comme tel, mais aussi mériter la reconnaissance de l'autre. Ce qui a pour but final de former une communauté.

En fait de communauté, il semble bien que tout soit clairement défini d'avance pour que même là où l'on croit atteindre une forme d'égalité, de liberté, de chance à donner à tous, ce soit bien plutôt, l'autoritarisme monopolistique de l'État qui est sans cesse renforcé. C'est donc l'État qui fixe les règles et qui tire à la fois aussi, les ficelles. Sa toute-puissance est sans limite. De telle sorte que là où il semble vous accorder une forme de liberté d'entreprise, comme c'est le cas de ce système économico-politique libéral qui prospère déjà, depuis l'époque hégélienne, sous différentes formes, il existe tout un ensemble d'éléments de contrôle, de domination et d'orientation qui est mis en place. Le libéralisme en tant que politique économique, même dans une présupposée monarchie éclairée, est bien présent dans le système hégélien.

C'est dans la propriété et dans les échanges commerciaux en effet, entendus comme une façon pour l'individu de s'affirmer par le travail, que l'État régit la vie en société. Cela ne veut pas dire que l'existence ou la naissance de l'État est liée à sa nécessité d'imposer cette vie communautaire ou à être l'émanation d'une volonté commune mais, il doit plutôt être perçu comme une instance qui advient, de façon naturelle pour garantir la propriété et les échanges grâce à :

« Une « force extérieure » qui contraint les individus contre leur volonté. Ainsi « tous les États ont-ils été fondés par la force sublime des grands hommes (...) ». Mais ajoute Hegel, ce n'est « (...) pas la force physique ». Les grands fondateurs d'États avaient dans leur personnalité quelque chose de cette force historique qui oblige l'humanité à suivre sa voie et à progresser » (H. Marcuse, 1968, 128).

Le fait pour Hegel d'admettre la propriété privée et les échanges commerciaux comme des piliers essentiels de l'État, constitue aussi une façon de privilégier le libéralisme économique qui demeure une influence réelle du capitalisme tel que nous le connaissons, à savoir : recherche du profit, concurrences souvent déloyales, enrichissement des minorités au détriment des masses, augmentation de la pauvreté, politiques industrielles de monopoles au travers d'empires économiques, protectionnisme… Plus loin, on peut ajouter que c'est dans ce même objectif que se sont créées les sociétés industrielles établies qui se caractérisent par leur propension à la domination, la manipulation, l'assimilation des populations, à une politique du statu quo et à l'endoctrinement.

Toujours à propos de la propriété, qui elle-même conditionne les échanges, G. W. F. Hegel (1998, p.45) est tout à fait catégorique pour affirmer que c'est en elle que l'individu «possède la sphère extérieur de sa liberté ». Ce qui signifie donc qu'un individu sans possession, sans propriété, ne saurait exprimer sa personnalité d'appartenir à une communauté. L'acquisition du bien matériel devient ainsi un critère de définition de soi. La lutte en vue d'atteindre le statut de possesseur reçoit une sorte de bénédiction, quels que soient les moyens employés.

Quant à ceux qui ne peuvent posséder parce que vaincus dans cette lutte où tous les moyens sont permis, leur sort et leur nouvelle condition d'êtres dominés, sont tout de suite justifiés comme étant des faits normaux qui devraient advenir. Nous nous retrouvons ainsi dans un monde où la domination est considérée comme étant rationnelle et où l'on n'est plus essentiellement considéré selon ses qualités humaines mais en tant qu'être possédant des biens matériels.

Nous tombons dans le règne de la chosification, de la marchandisation qui est en même temps, la porte ouverte à toutes sortes de dominations, d'emprises sur des individus, des sociétés, d'États sur d'autres. La notion de valeur prend maintenant des couleurs liées à la quantité, la mesure, l'objet, la chose. C'est le règne total d'une politique économique qui fait l'apologie du profit, de l'exploitation, de l'expropriation, de la déshumanisation.

La critiquer, la dénoncer, c'est replacer les choses dans leur état normal. C'est refuser de vouloir maintenir ce monde de plus en plus massif de la spoliation, de la quantification, de l'instrumentalisation. C'est pourquoi, en faisant sien *"Les manuscrits économico-philosophiques de Marx''* H. Marcuse (1969, p.47) relève qu'il faut :

« (...) sanctionner d'une manière scientifique une inversion qui transforme le monde historico-social des hommes en un monde de l'argent et de la marchandise, monde qui se présente à l'homme comme une puissance étrangère et hostile, où la plus grande partie de l'humanité n'existe plus que sous la forme de travailleurs « abstraits » (arrachés à la pleine réalité de l'existence humaine), séparés de l'objet de leur travail, contraints de se vendre eux-mêmes comme des marchandises pour se maintenir simplement en vie ».

L'existence humaine n'est pas du tout pour Marcuse un lieu où l'individu devient une simple marchandise et où chacune de ses actions ne doit sa valeur qu'à l'argent, chose périssable. Hegel est perçu par Marcuse comme ayant dévié de cette philosophie généreuse qui était pourtant au départ sa réflexion pour tomber dans une philosophie à la fois égoïste, supra-déterministe et finalement mystérieuse où la coalition du pouvoir bourgeois, oligarchique, clérical semble avoir de beaux jours.

En Karl Marx, heureusement, Marcuse semble avoir des raisons d'espérer. Tout comme Hegel en effet, Marcuse est resté tributaire de Karl Marx dans un autre registre. Toutefois certains écrits de Marx passent eux aussi sous les feux de la critique marcusienne.

2. CRITIQUE CONTRE MARX

S'il existe un auteur chez qui Marcuse retrouve de nombreux indices de révolution et de changements, c'est bien Karl Marx. Toutefois, le mode opératoire et les classes de référence de Marx, semblent poser un certain nombre de difficultés qui pourraient retarder l'avènement du monde de liberté et de partage tant souhaité. C'est bien ce que tente d'expliquer Marcuse.

2.1. Les soutiens de la philosophie marxiste dans la réflexion marcusienne

Il existe une lutte qui doit être menée pour une société harmonieuse, empreinte d'humanisme avec un monde du travail qui ne soit pas du tout aliéné et déshumanisé. Cela passe par une meilleure répartition des richesses qui doit mettre fin au grand fossé entre les populations, éviter de faire d'elles des classes données de dominés et de dominants. Pour atteindre un tel objectif, Marcuse semble s'être considérablement appuyé sur les écrits de Karl Marx. C'est bien pour cela, différemment de Hegel, que Marx constitue pour Marcuse un véritable repère dans son projet d'une véritable société qui garantie la liberté et l'épanouissement de l'individu. En effet :

« Pour Marx, l'essence et la factualité, la situation de l'histoire essentielle et la situation de l'histoire factuelle ne sont justement pas des régions ou des niveaux séparés, indépendants l'un de l'autre : l'historicité de l'homme est *incluse dans sa détermination essentielle*...Mais la connaissance de l'historicité de l'existence historique n'identifie nullement l'histoire essentielle de l'homme avec son histoire factuelle » (H. Marcuse, 1932, p.536).

Ces idées prises chez Marx, cadrent tout à fait avec ce que Marcuse pense du rapport entre l'histoire essentielle et l'histoire factuelle de l'homme. Il ne s'agit pas pour lui, à la différence d'une vision hégélienne d'admettre une suprématie voire un contrôle de l'histoire individuelle de l'homme par une histoire originelle en train de s'accomplir ou de se réaliser dans l'existence de chacun sans pouvoir s'en échapper. Cela ne signifie pour autant pas qu'il faut ignorer ce qui fait advenir les réalités individuelles. Il s'agit plutôt de savoir que ce qui est à l'origine de notre histoire individuelle ou collective ne saurait ad vitam aeternam (éternellement) nous y maintenir. Une telle appréciation de l'existence est en même temps la manifestation des idées de liberté, d'égalité, de désaliénation, de justice sociale, d'une recherche de valeurs, qui ne soient pas essentiellement particulières mais universelles, d'une manifestation de la raison totalement conforme aux réalités qu'on perçoit déjà chez le jeune Hegel et qui sont repris à son compte par Marx. Mieux, Marcuse retrouve chez Marx plus qu'une théorie puisqu'il trouve surtout une *praxis*. Le Grand Dictionnaire de Philosophie (2003, p.2433) explique que : « La philosophie marxiste nomme praxis l'action par laquelle l'homme transforme le milieu naturel pour répondre à ses besoins, autrement dit l'activité matérielle de l'homme dans l'histoire et récuse la distinction theoria – praxis ». La théorie est en ce sens impliquée dans la pratique et n'est jamais séparée d'elle. L'imbrication de ces deux pôles se donne à voir de façon unitaire dans le but d'une transformation concrète de l'existence. K. Marx (1982, p. 1033) précise en effet que : «Toute vie sociale est essentiellement "pratique" *(praktisch)*. Tous les mystères qui entraînent la théorie vers le mysticisme trouvent leur solution rationnelle dans la "pratique" (Praxis) humaine et dans la compréhension de cette pratique (Praxis) ». Il n'y a donc de théorie véritable que celle qui s'inscrit dans sa réalisation pratique de transformation de la société pour un mieux-être. Une théorie ne peut se prévaloir comme telle que si elle est effectivement réalisable dans un objectif d'amélioration et de changement de la vie, sinon elle reste définitivement reléguée à la prestidigitation.

Outre donc ces idées qui vont de pair avec ce que Marcuse croit du contenu en partie de la philosophie, Marx est certainement à ses yeux, l'un des philosophes qui s'est le plus appesanti sur la condition individuelle de l'homme. Il s'agit de chaque homme, de son rapport avec son cadre de vie et surtout de ce qui est considéré comme étant son travail. Un travail, dont la valeur est d'ailleurs souvent jaugée conformément au revenu. C'est donc cette distinction entre Hegel et Marx que Marcuse va non seulement relever mais surtout montrer sa préférence conceptuelle pour la philosophie marxiste. H. Marcuse (1968, pp.337-338) rappelle que :

« On sait que, pour Hegel, l'individu est l'universel, et qu'il agit historiquement non en tant que personne privée, mais en tant que citoyen d'un État ; pour Marx, cette négation de l'individu est le produit historique d'une société scindée en classes, et elle tient, non pas à l'État, mais à l'organisation du travail ».

Ainsi, pour Marx, tout comme pour Marcuse, ce qui importe ce n'est pas le fait qu'un individu se réalise dans un État quel qu'il soit, conformément, soit-il, à des considérations universelles qui lui échappent d'ailleurs. Ce qui importe c'est qu'il se réalise dans un cadre universellement approprié de travail. Il urge donc, dans la conception marxiste, que l'individu se fasse, se réalise. Qu'il se construise lui-même, au lieu d'être pris dans un engrenage dont il ne maîtrise pas toujours les contours. Marx n'est donc pas pour une société de propriétaires face à des démunis. De dominants et de dominés, de propriétaires du capital avec des travailleurs exploités, d'une bourgeoisie qui ne cesse de s'engraisser devant une classe qui continue de dépérir. Il est tout aussi contre un

État démagogique, qui clame partout les valeurs de justice, d'égalité, d'équité, de fraternité quand la réalité est tout autre, c'est-à-dire injustices, inégalités à tous les niveaux, partialité, domination des plus faibles en nombre et en moyens matériels.

Ce que Marcuse recherche avant tout chez Marx, c'est cette réflexion, cette philosophie qui ne se borne pas dans une sorte de pure rationalité quand il s'agit d'aborder les réalités quotidiennes. Il faut plutôt les vivre réellement dans leur concrétude, leurs individualités, leurs particularités. Il est surtout pour cette philosophie qui doit pouvoir trouver les voies qu'il faut pour appréhender les réalités, les résoudre. Dans l'entendement de Marcuse, selon sa conception marxiste, l'historicité en tant que telle est bien loin de celle déjà abordée par Hegel et qui tend à la présenter sous une universalité peu perceptible.

Elle est plutôt la vie individuelle des hommes, conformément à leur classe et à leur rang social. C'est d'ailleurs ce que relève A. Nicolas (1970, pp.62-63) dans les écrits de Marcuse lorsqu'il soutient que :

« Pour Hegel, la dialectique est ontologique, c'est-à-dire que le rythme de l'histoire scande le développement de l'être qui est Raison. Pour Marx, la dialectique n'est pas un processus ontologique universel ; la négativité de la réalité n'est qu'une condition historique liée à « une forme historique particulière de la société », au sein de laquelle c'est la négativité des rapports de classes qui instaure les contradictions sociales ».

Rien n'est donc établi d'avance et les individus ne sont pas engagés dans une histoire qui est faite à leur place comme pourrait le souligner Hegel. Ce que Marx retient plutôt, c'est que l'histoire se fait et se défait selon les situations précises dans lesquelles les individus s'engagent tout en donnant un sens particulier à leur existence. C'est pourquoi, par elle-même, la nature n'appartient pas à cette totalité. Elle n'y entre que par le biais du travail. La dialectique marxiste, selon Marcuse, est donc fondamentalement historique.

La forme oppositionnelle, contradictoire et de dépassement que présente la dialectique a, en ce sens, chez Marx, un total rapport étroit avec la condition d'existence concrète des individus et surtout avec leurs moyens de subsistance. Cette existence est, elle-même, déterminée par la stratification dans laquelle baigne les sociétés et les situations de travail qui dressent le tableau de dominants et de dominés, de bourgeois et de prolétaires, de capitalistes et d'ouvriers. C'est donc sur cette base dialectique qui instaure en permanence une civilisation de domination des masses et contre laquelle s'insurge Marx, que reprend à son compte Marcuse. Surtout, lorsqu'en plus, tout cela se consolide par un État qui a érigé le profit et l'appauvrissement sur les classes les plus vulnérables grâce à des moyens de productions essentiellement aux mains des propriétaires privés et des détenteurs illégitimes du pouvoir. Il devient en ce sens inadmissible d'admettre que la réalité, malgré les situations répétées d'abus, d'exploitation, de profit, de domination, soit encore considérée comme incarnant le rationnel. Cette position fondamentale de la réflexion marxiste de la dialectique semble d'ailleurs trouver une sorte de continuation dans la philosophie de l'Ecole de Francfort.

2.2. Convergences de points de vue entre Marx et l'École de Francfort

Il demeure une conviction à laquelle reste attaché Marcuse, du fait certainement de son appartenance à l'École de Francfort. Tout comme d'autres membres de cette institution tels Adorno ou Horkheimer, Marcuse s'insurge en effet, contre toute forme présupposée de raison qui se place au-dessus des hommes, qu'elle est pourtant censée assister à tout moment et en tout lieu. Les francfortois refusent précisément qu'on chante partout la raison, qu'on la clame, quand dans la vie de tous les jours c'est l'irraison qui s'enracine de plus en plus. Ce qui montre tout simplement que : « la Raison se comporte à l'égard des choses comme un dictateur à l'égard des hommes : il les connaît dans la mesure où il peut les manipuler. (…) La nature des choses se révèle être toujours la même : le substrat de la domination » (M. Horkheimer et T. Adorno, 1974, p.27).

Au nom de la prétendue prééminence de la Raison sur l'évolution du monde, d'une certaine marche, d'une prétendue évolution vers laquelle tendrait le monde, c'est, pourrait-on dire, à une sorte d'acceptation de certains faits. Une situation inadmissible malgré toutes les contradictions qu'ils pourraient traduire, de soumission à un certain ordre auquel les individus pourraient d'avance être contraints. Les individus sont de ce fait prédestinés à suivre un ordre qui est tout sauf le leur.

Ce sont toutes ces choses qui justifient parfois des préjugés énormes sur certains peuples, cautionnent des massacres, dénient des droits à certains États, prévoient la disparition de certaines espèces…Ce sont donc contre toutes ces formes de domination qui se manifestent sous le couvert de la raison que ne cessent de dénoncer les membres de l'École de Francfort. Ils y voient, eux aussi, comme l'avait déjà perçu Marx, une systématisation de l'endoctrinement et de la domination des détenteurs du pouvoir matériel, financier et politique.

Ce sont en fait une poignée de privilégiés qui détiennent bien souvent, et cela de façon illégitime les principales ressources dans la plupart des États. Ils les font fructifier par un mode de travail esclavagiste afin de perpétuer leur domination. Contre toutes ces pratiques qui s'inscrivent dans une réification de l'individu, dans la chosification du genre humain, les membres de l'École de Francfort, en se servant d'une Théorie Critique, véritable arme de dénonciation, mettent au cœur de toutes leurs actions, l'auto-affirmation de l'individu, sa revendication à exprimer concrètement sa liberté matérielle et mentale.

Dénoncer, affirmer sa personnalité ; voici donc deux points centraux qu'on retrouve aussi chez Marx quand il fait une sévère mais juste critique de la société capitaliste et bourgeoise. Cette forme de société s'est en effet, de plus en plus consolidée depuis que l'on a fait de la propriété l'un des éléments fondamentaux de définition de l'individu dans les États. Pour cela, une sorte de lutte à mort s'est constamment engagée pour écraser les plus faibles, les moins possédants, de façon légale et illégitime afin qu'ils fassent continuellement partie de ceux qui subissent. C'est donc cette histoire qui s'est toujours déroulée dans la vie des communautés et que l'on semble avoir masqué sous toutes formes de couverts, sous celui d'une raison qui serait en marche dans le monde, qui devient aujourd'hui inadmissible.

Ce que Marcuse retient chez Marx, c'est précisément d'avoir clairement identifié les faits, de les avoir dénoncés et d'avoir engagé la lutte pour libération. Cette lutte tourne essentiellement autour de *l'économie politique*, précisément à cause de son impact, à la fois sur les hommes, leur histoire, leurs conditions de vie et de travail, sur la nature et sur ce que l'avenir pourrait être.

2.3. L'économie politique et le travail chez Marx

Sur les réflexions de Marx, en ce qui concerne l'économie politique, sa théorie de travail, mais aussi le caractère pratique de sa philosophie, H. Marcuse (1969, p.45) note que

«(…) la critique révolutionnaire de l'économie politique est elle-même fondée philosophiquement, et que, d'autre part, la philosophie en train de se fonder porte déjà en elle la praxis révolutionnaire. La théorie est en elle-même une théorie pratique ; la praxis n'apparaît pas seulement à la fin, mais dès le début de la théorie sans que Marx s'engage pour autant sur un terrain étranger à la théorie et extérieur à elle ».

Le regard marxiste sur l'économie politique est avant tout une critique révolutionnaire. Ce qui suppose donc qu'il ne s'agit aucunement de porter essentiellement un regard de consentement sur l'économie politique. Il s'agit bien plutôt, de mener une critique qui ne s'arrête pas simplement à des accusations mais qui change dans le fond les choses. Dans un tel cas, c'est une révolution qui sied. Mieux la réflexion marxiste est absolument inséparable de sa pratique et vice versa.

Nous voilà instruits sur les intentions de Marx de voir s'opérer un réel changement dans la réalité des hommes au lieu de faire essentiellement voeux de bonnes intentions. Pour atteindre l'objectif visé, c'est la lutte révolutionnaire qui est choisie en vue de replacer les choses à la place qui leur convient le mieux. Plutôt que de vouloir se contenter de ce qui est et plus, d'y voir une certaine conformité à un quelconque ordre établi.

Dans l'entendement de Marx, et qui convient bien évidemment à Marcuse, les seules valeurs à établir sont celles qui viennent des individus eux-mêmes selon leurs aspirations et ce qu'ils veulent voir être dans leur existence afin de vivre réellement heureux. Cela passe par une critique véritable de l'économie politique, nœud gordien autour duquel semble s'être formé un kyste qu'il faut totalement défaire si on veut redonner à l'individu sa dignité et annihiler complètement l'état de dénaturation dans lequel cette économie a plongé l'humanité. Les raisons de la critique de l'économie politique sont donc fondées. Elle est, telle qu'elle a jusqu'alors fonctionnée, une :

« ...légitimation ou plutôt camouflage d'une « aliénation » et « dévalorisation » totales de la réalité humaine telle que la représente la société capitaliste, (...) Cette économie politique se borne à sanctionner d'une manière scientifique une inversion qui transforme le monde historico-social des hommes en un monde de l'argent et de la marchandise , monde qui se présente à l'homme comme une puissance étrangère et hostile, où la plus grande partie de l'humanité n'existe plus que sous la forme de travailleurs (...) contraints de se vendre eux-mêmes... » (Marx cité par H. Marcuse, 1969, pp.46-47).

C'est le triste tableau de la condition humaine, chosifiée, réifiée, une condition où le travail censé libérer les individus est plutôt devenu le lieu de la légitimation de leur déshumanisation. *La réification* est simplement la traduction de la chosification de rapports humains, des conditions sociales et de l'avènement d'un monde de choses et d'objets essentiellement.

Les individus y sont, non en tant que personnes, mais comme des objets, presque au même titre que les objets sur lesquels ils travaillent. Pire, ils sont obligés de se vendre pour des miettes qui ne font que renforcer leur chosification et leur aliénation. Quoique en nombre, ils soient les plus nombreux et constituent le lot des ouvriers, précisément parce qu'ils ne sont pas propriétaires de biens privés et du capital, les masses n'ont pour seule richesse que leurs personnes. Leurs individualités qu'elles sont obligées de vendre à vil prix aux capitalistes, détenteurs de tous les pouvoirs, afin, espèrent-t-elles certainement, ne pas mourir de faim.

Peut-être ne meurent-elles pas réellement de faim. Pourtant tout semble clairement coordonné pour qu'elles aient continuellement faim et qu'elles soient toujours soumises à l'exploitation d'autres êtres. Ce qui fait qu'elles n'ont d'autres choix que de demeurer la propriété d'autres personnes.

«(…) le monde objectif n'est plus une « propriété vraiment humaine » que l'homme s'approprie dans une « activité libre », il n'est plus le champ d'une libre activité et d'une affirmation de toute la nature humaine, mais un monde de choses possédées, utilisables et échangeables dans le cadre de la propriété privée, et dont les lois apparemment immuables asservissent l'homme lui-même, - un monde, en un mot où règne la « domination » universelle de la « matière inerte sur les hommes » » (Marx cité par H. Marcuse, 1969, p.47).

Dans le monde du travail capitaliste vers lequel est orienté la majorité des forces vives, du fait de la recherche de profits par les détenteurs du capital, le pouvoir d'achat et la subsistance pour tous ceux qui désirent un mieux-être matériel ; la situation est simplement catastrophique. Les patrons ne cessent en effet, de créer les conditions pour maximiser leur capital quand le revers consiste pour les travailleurs à continuellement trimer, en vendant leur force et leur intelligence au travail pour avoir comme résultat des salaires qui sont loin de représenter ce qu'ils méritent réellement.

Ce qui fait que le travail qui devrait logiquement être une occasion d'épanouissement est devenu pour l'ouvrier, par exemple, une sorte d'obligation dont les dividendes, comme nous le disions, sont loin d'être une source de satisfaction mais plutôt une autre forme de déshumanisation. Dans une telle situation :

« La force de travail est donc une marchandise que son possesseur, le salarié, vend au capital. Pourquoi la vend-il ? Pour vivre. (…) Il travaille pour vivre. Pour lui-même le travail n'est pas une partie de sa vie, il est plutôt un sacrifice de sa vie » (K. Marx, 1994, p. 204)

Il ne peut en être autrement car ces deux mondes qui s'affrontent inégalement, sont créés par le capital, celui du bourgeois, du capitaliste d'une part et de l'autre celui du prolétaire, du travailleur, de l'ouvrier en général. C'est donc un monde de domination, de dominants et de dominés, qui prospère grâce à des moyens aux mains d'une minorité. Marx pense qu'il faut mettre fin à cette situation. Cela est du devoir de la frange de la population la plus nombreuse, la plus exploitée à savoir le prolétariat. Il faut donc, à ceux dont le quotidien est à tout moment marqué par l'injustice, mener la lutte pour une société réellement juste et égalitaire.

Cela passe par la révolution qui doit, non remplacer une injustice par une injustice en perpétuant la société de classes, mais plutôt définitivement instaurer l'harmonie d'une vie communautaire qui nous fasse oublier l'époque où l'homme, l'ouvrier devrait «(…) lui-même devenir marchandise pour être simplement en mesure de subsister comme sujet physique» (H. Marcuse, 1968, p. 55). Les hommes sont avant tout et définitivement des hommes. Ils ne sont ni des objets, ni des marchandises. Toute politique qui mettrait en avant les marchandises avant les êtres humains n'est aucunement digne d'exister.

Comme nous le percevons, le changement auquel aspire Marx est lié en grande partie à la condition d'existence concrète et misérable dans laquelle vit la majorité de la population, constituée d'ouvriers de tous genres ; obligés d'être au service de capitalistes industriels, qui n'ont qu'un rapport de profit vis-à-vis d'eux. Tout semble lié ici au monde du travail dont les traits caractéristiques d'esclavage obligent à une révolution qui devrait pouvoir instaurer une société conviviale d'où sera bannie toute exploitation. La conception marxiste du changement, si elle semble reposer sur des évidences, n'en demeure pas moins noyée par d'autres réalités qui peut-on dire, traduisent ses insuffisances.

2.4. Critique marcusienne de la révolution marxiste

Il nous faut nous demander à quoi les théories marxistes qui appelaient à une praxis révolutionnaire ont pu servir, quand on sait que la grande industrie, même à l'époque de Marx, ne s'est pas pour autant écroulée. Les situations les plus flagrantes d'exploitation qui existaient à cette époque n'exigeaient-elle pas un changement total et définitif ? À une époque plus proche que celle du marxisme soviétique, qui aurait pu constituer l'âge d'or du marxisme, la classe ouvrière n'a pas pour autant disparue et la société égalitaire a été une sorte de chimère qui n'a pu se réaliser. Une réalité évidente si l'on tient compte aussi de la présence constante d'une bureaucratie massive et de ses objectifs bien plus proches du capitalisme que d'une société où l'individu serait la première valeur.

Enfin, là où l'on est en droit de relever des faiblesses qui auraient certainement pu constituer un frein à la réalisation de la praxis de Marx, c'est l'évidence plus que visible de l'embonpoint que ne cesse de présenter chaque jour la société capitaliste et son influence, qui rayonnent. De sorte que l'on semble s'être résigné à admettre que rien ne saurait s'opposer à elle. Comment donc la société capitaliste a-t-elle pu, malgré tous les arguments qui militaient en sa défaveur s'imposer ? Comment a-t-elle pu continuer à prospérer malgré toutes les luttes menées à son encontre ?

La réalité est que le capitalisme, face à la permanence de la contestation prolétarienne et ouvrière, s'est elle aussi organisée. Cette organisation a pour buts, non seulement de consolider ses bases mais pour en plus, atténuer l'ardeur du changement. Tout cela s'est joué autour du capital et des moyens de production. Devant donc la menace, le capital s'est lui aussi renforcé en regroupant ses ressources autour de puissances économiques de plus en plus fortes avec des influences à la fois techniques, militaires, sociales, géographiques, politiques etc.

De ce fait, quel que soit l'endroit d'où on l'attaque, le capital, dont les investissements sont maintenant à tous les niveaux du corps social, semble être prêt à ne pas céder sur les débats de fonds qui concernent en fait, sa totale reconstruction. Une reforme profonde qui permettrait à l'individu d'être réellement autonome et libre. Ce qui serait absolument difficile car :

« À coup sûr, cet impérialisme est différent de ceux qui l'ont précédé : l'enjeu dépasse les exigences économiques immédiates et particulières. Si la sécurité de la nation appelle maintenant des interventions militaires, économiques et « techniques », quand des groupes de dirigeants indigènes ne font pas la besogne de liquider les mouvements de libération populaire, c'est que le système n'est plus capable de se reproduire par la vertu de ses propres mécanismes économiques » (H. Marcuse, 1972, p.24).

Le capital n'évolue plus essentiellement sous des aspects purement financiers mais fonctionne maintenant sous la forme d'un système auquel rien n'échappe. C'est ce qui fait que la lutte des ouvriers, des travailleurs, peut être menée sans grand dommage. Même si de nombreuses revendications pourraient être satisfaites, cela n'a aucune influence qui permettrait un changement radical. Le capital, devenu en effet, système de gestion totale de la société, finit toujours par se consolider encore plus, en s'appuyant sur d'autres secteurs de la vie communautaire.

Le travailleur croit en effet, avoir remporté une bataille. Ce qui reste encore à vérifier avec tout un système de législation protectionniste du capital toujours en œuvre. La réalité est que la guerre est gagnée par ceux qui détiennent le pouvoir et qui ne sont pas obligatoirement du côté de la masse. Ce qu'il y a donc à comprendre c'est que le système capitaliste a su, depuis l'époque de Marx, adapter ses pratiques. Certes pour toujours mieux exploiter les masses, mais pas dans un sens si flagrant que cela puisse susciter des soulèvements, des contestations populaires.

Il existe à cet effet, une politique d'assimilation et de manipulation mise en place par le système capitaliste qui donne l'impression de faire face aux difficultés qui se posent aux travailleurs quand en fait c'est le capital qui continue de prospérer au détriment de ceux-là, mais avec de nouvelles méthodes. Le tableau présente,

«(...) une classe ouvrière très nombreuse et privée de contrôle sur les moyens de production (...) en un sens inverse, la domination du capital, élargie à toutes les dimensions du travail et du loisir, contrôle la population sous-jacente par le biais des biens de production et de services qu'elle offre et d'un appareil politique, militaire et policier d'une terrible efficacité » (H. Marcuse, 1972, p.17).

Là où *"la classe ouvrière"* semble de plus en plus inorganisée et où les ouvriers s'identifient plus à la prospérité de leurs entreprises individuelles dans lesquelles ils ne détiennent d'ailleurs pas la majorité des capitaux, la société capitaliste, elle, est non seulement organisée, mais se retrouve à tous les niveaux des secteurs d'activités. Même, ce que la société capitaliste perd de façon immédiate devant la pression des ouvriers, elle le rattrape avec certainement plus de bénéfices grâce à sa toile qui enveloppe toute la sphère sociale. Puisqu'en dernier ressort, c'est elle qui décide de toutes les décisions grâce à ses ramifications dans tous les domaines, du sort et de l'évolution de l'État. Cette évolution ne saurait entrer en contradiction avec les centres de pouvoir qui sont les propriétés du système capitalistes.

Même à l'époque de l'ex-URSS et de son marxisme soviétique, où l'on était censé construire une société réellement communiste selon la pensée de Marx, l'on a plutôt assisté à une réalité où la classe ouvrière et travailleuse, au vu des objectifs qui lui étaient assignés et du discours manipulateur, débité à longueur de journée, était de ce fait consignée dans une situation de soumission, dans une illusion de liberté et de bien-être qui engourdissaient par-là, toute idée d'une deuxième révolution. C'est ce qui explique aussi certainement que la chute de l'URSS à la fin des années 80 et au début des années 90, n'ait pas été une action principalement menée par le monde ouvrier. Un monde qui était trop assimilé pour mener la contestation. Cela a été plutôt le fait de groupes politiques, de mouvements d'intellectuels, de corporations diverses, des intellectuels, de savants, de militaires ou de jeunes, opposés à la politique soviétique d'alors et voulant une accélération de la *"la perestroïka"* de Mikhaïl Sergueïevitch Gorbatchev, président du Soviet suprême d'U.R.S.S de 1989 à 1990. Avant toute cette reconstruction de la nation russe, devenue de plus en plus nécessaire, ce qu'il était devenu courant de constater, c'est :

« (...) l'utilisation répressive des moyens de production nationalisés, le contraste entre le niveau de la productivité et le niveau de la consommation, conflit entre les besoins de la société et ceux de l'individu, entre la propriété d'État et la propriété privée ou semi-privée ; ou, dans le domaine international, entre les intérêts de l'U.R.S.S. et ceux des Partis communistes étrangers, entre les objectifs de la sécurité nationale de l'Union Soviétique et ceux de la politique socialiste » (H. Marcuse, 1963, p.128).

Le travailleur se trouvait donc ainsi pris dans la maille des *"intérêts nationaux et étatiques"* et les assimilait, grâce à un travail de manipulation savamment orchestré. De sorte que toute opposition à un tel *"élan de la nation"* pouvait être considérée comme une nuisance subversive contre menée le développement de l'État. Il faut donc tenir compte de cette donne si l'on veut essayer de comprendre pourquoi la classe ouvrière, qui avec les écrits de Marx, a pu fortement aspirer au changement de la société, est finalement restée confinée dans des tâches de soumission, dans l'illusion d'une liberté et d'un bien être quelle aurait acquis. L'engourdissement dans lequel a été maintenu le monde du travail est plus profond que cela, surtout avec les capacités industrielles qui se sont largement accrues et qui ont crée un monde de satisfaction des besoins matériels tels qu'il semble impensable de s'en séparer.

Si à l'époque de Marx en effet, la pénurie et le manque de confort matériel semblaient être le quotidien du monde ouvrier, avec l'évolution industrielle des moyens de production, cette situation semble avoir disparu. Marcuse nous explique que, dans la société industrielle avancée, ce qui est, c'est la production de masse des produits de consommation. Nous sommes depuis les grandes avancées industrielles, dans une société de consommation qui produit des biens de toutes sortes dont les premiers bénéficiaires sont les travailleurs.

L'autre forme de manipulation de l'appareil industriel c'est, d'avoir créé une société dans laquelle la satisfaction des besoins matériels et les conditions de travail de moins en moins pénibles sont devenus le quotidien du travailleur de la société industrielle avancée, de telle sorte qu'il ne peut qu'espérer la perpétuation d'un tel ordre. Il est donc englouti, du fait de nombreux avantages que lui offre la société industrielle avancée, dans une sorte de bulle de laquelle il n'est pas prêt de sortir ou de vouloir qu'on l'en sorte.

La production de masse qui comble de nombreux besoins matériels y compris celui d'acquérir toutes sortes de gadgets est, pour le travailleur lui-même, en tant que faisant partie des chaînes du système de production, une situation confortable pour laquelle il va jusqu'à prendre des engagements pour sa défense. C'est d'ailleurs ce qu'on constate lorsque « dans quelques-unes des entreprises les plus avancées, les travailleurs portent même à l'entreprise un intérêt de propriétaire- c'est un effet de la « participation » à l'entreprise capitaliste qu'on a souvent observé » (H. Marcuse, 1968, p.56). Pour les travailleurs du système industriel, une telle implication dans les activités de l'entreprise, une position paradoxalement défendue aussi par les syndicats, est une façon de sécuriser les dividendes que procure leur outil commun de production.

Dès lors les travailleurs censés lutter pour une réelle amélioration de leur condition de vie et de travail, espoir avec Marx d'un changement bénéfique au profit de la société toute entière, sont finalement devenus, au fil du temps, eux aussi, des complices de la politique du profit, de la propriété privée, de la course à l'enrichissement, du fétichisme de la marchandise et de l'intérêt des classes dominantes. Comment alors, compter sur le monde du travail, les travailleurs, les ouvriers, eux dont l'assimilation est totale, et croire en un changement radical de l'ordre social actuel de domination ? C'est bien pourtant autour de ce groupe social, c'est-à-dire les travailleurs, que Marx a bâti un pan important de sa praxis révolutionnaire.

La réalité est que, la révolution des travailleurs, telle qu'attendue par Marx n'a pas eu lieu parce qu'il y a eu en face un système industriel dont la capacité d'intégration et d'assimilation était plus qu'efficace. Une telle réalité n'empêche toujours pas de se poser des questions essentielles sur ce que ce monde est devenu et comment l'illusion est entretenue.

« Car en réalité, si les contrôles s'exercent de façon administrative et non pas sur les personnes physiques (par la faim, la dépendance, la force), si le travail paraît moins pénible, si les classes actives ont été assimilées, s'il y a une égalisation dans le domaine de la consommation, tout cela ne compense pas le fait que les décisions dont dépendent la vie et la mort, la sécurité personnelle et nationale sont prises à un niveau où les individus n'ont aucun contrôle. Les esclaves de la civilisation industrielle avancée sont des esclaves sublimés, cependant ils sont esclaves… » (H. Marcuse, 1968, p.58).

Ces nouveaux esclaves sont intégrés dans le grand moule de la chosification et de la marchandisation créé par la société industrielle établie.

Marcuse est donc en droit de penser qu'il faut inventer une nouvelle économie politique qui non seulement devrait pouvoir permettre la réussite du changement tant souhaité mais mettre aussi en place une société moins conflictuelle et surtout plus épanouissante.

3. Marcuse pour une économie politique de libération et d'épanouissement

La nécessité d'une nouvelle économie politique affranchissant et libératrice s'impose selon Marcuse. Celle-ci s'inscrit dans la logique de sa critique de l'économie politique de Karl Marx. Toutefois, cette nouvelle forme de politique économique et l'orientation qui doit lui être assignées exigent une mesure de dépouillement, à la fois institutionnelle et pratique.

D. Acemoglu et J. A. Robinson (2015, p.114) pensent à propos que : «Les institutions politiques et économiques, qui relèvent en dernier recours du choix de la société, peuvent être inclusives et encourager la croissance économique. Mais elles peuvent aussi être extractives et freiner la croissance ». Un gouvernement d'intérêts d'un groupuscule aux soutiens capitalistes de perpétuation de l'exploitation et de la domination favoriserait, à coup sûr, une économie politique extractive. Cela consisterait à mettre en place, de façon légale mais illégitime des mécanismes qui n'ont pas pour principal but, une prospérité générale mais celle d'un groupe de dirigeants, tout en se donnant les moyens institutionnels de les justifier. C'est bien pourquoi la nouvelle économie politique exige un certain nombre de moyens totalement différents de ceux qui ont jusqu'alors prospéré.

3.1. Les moyens d'une nouvelle économie politique

Afin de parvenir à une nouvelle économie politique, H. Marcuse (1976, pp.28-29) propose de «(…) revenir à la stratégie minimale du front unique, c'est-à-dire à l'action commune d'étudiants, d'ouvriers militants, de groupes et de personnalités (mêmes apolitiques) de la gauche libérale». Les groupes et personnalités dont il s'agit ici, sont les libéraux ou non, qui appartiennent au système capitaliste ou non, qu'ils soient des industriels, des responsables des médias ou des intellectuels, et qui constatent tous le pourrissement dans lequel nous entraîne l'économie mondiale des guerres, des faillites économiques, des exploitations inhumaines, de la paupérisation grandissante, de pollutions et dont les conséquences ne seront que désastreuses pour nous tous. La philosophie, qui a cette capacité de se retrouver précisément dans chaque domaine d'activité, a un rôle à jouer pour unifier cette lutte d'une économie politique qui soit juste et profitable à tous. On ne peut, on ne doit, par exemple, plus regarder et rester indifférent devant le fait que « le capitalisme ne cesse de croître en même temps que croît la paupérisation des travailleurs » (A. Nicolas, 1970, p.66). Ceux qui produisent la richesse ne sauraient être des laissés pour compte. Ils ne sont pas en effet, des outils mais des êtres humains. Ceux qui détiennent le capital ne sauraient être plus humains qu'eux. Un pur économiste comme J. K. Galbraith (1981, p.131) peut confirmer que: « le secret d'une bonne politique est de savoir non seulement réconforter les tourmentés mais aussi tourmenter les confortables ».

Les crises financières ne sont pas créées prioritairement par ceux qui ne manipulent pas les finances et qui ne décident pas. Les pauvres semblent être beaucoup plus en dehors de ces deux mondes. Pourtant, lorsque les crises surviennent ; elles touchent à la fois les riches et les pauvres. Les derniers en ressentent les effets, malheureusement beaucoup plus que les premiers. La philosophie ne saurait se taire devant la perpétuation d'une telle injustice. C'est pourquoi, selon H. Marcuse (1969, p.125), « toute vraie activité philosophique n'en reste pas à la connaissance, mais s'efforce, en développant la connaissance de la vérité, de faire en sorte que l'existence humaine s'approprie celle-ci ».

Une erreur fréquente fait admettre que la pensée philosophique est d'une hauteur telle que ceux vers lesquels elle est portée ne sont pas à même de l'assimiler. Si cela devrait en être ainsi, l'on se demanderait bien à quoi sert la nécessité de philosopher. La misère peut être chaque jour constatée. Les possibilités d'en sortir aussi. «La caractérisation de l'existence humaine comme essentiellement historique doit rendre à la philosophie l'acuité du concret qu'elle a perdue depuis longtemps, le sérieux suprême d'un événement humain dans lequel il «s'agit de tout» effectivement, dans la mesure où il s'agit précisément de ce qui fait la misère ici et maintenant» (R. Wiggershaus, 1986, p.96).

La philosophie a, en ce sens, le devoir de dénoncer cela et de montrer comment sortir de cette monstruosité. La rationalité légitime d'un tel combat est plus que justifié en ce sens que comme le martèle R. Dworkin (2005, p. 43), «aucun gouvernement n'est légitime s'il ne fait pas preuve d'une attention pour le destin de chacun des citoyens sur lesquels il prétend exercer son autorité et dont il prétend se faire obéir». Une gestion politique de l'économie exige que l'existence de chaque citoyen soit une priorité qui permette de garantir une vie digne. On ne peut raisonnablement prétendre incarner l'autorité suprême dans un État si ceux dont on émane ou qui nous confèrent le titre que nous exhibons, sont ignorés dans leur majorité tout comme dans leur individualité. Ce qui met en doute l'autorité que nous sommes censé représenter et justifie notre renversement. C'est pourquoi Y. E. Kouassi (2014, p.152) nous éclaire sur le fait que : « Marcuse est engagé dans l'élaboration des mécanismes concrets pour faire subir aux bourgeois et les figures qui leur sont indissociables, les sévères revers qui précipiteront sa disparition ». Le bourgeois et ses accointances, représentent non seulement la minorité de classe mais sont en plus, l'image de la détention illégitime des principales richesses qu'ils perpétuent par un système accaparant du pouvoir. Le véritable droit est aux côtés de la masse la plus importante de la société, la plus exploitée et qui rassemble tous les rejetés du système de direction.

La lutte contre une telle injustice est bien évidemment légale et légitime afin que l'État soit juste, équitable et soucieux de la vie individuelle et collective. Ce n'est pas la substitution de la domination d'une classe sur une autre. Marcuse tend ainsi vers une économie politique d'union.

3.2. Marcuse pour une économie politique unificatrice

Marcuse prône une économie politique qui doit être le ciment de la libération de toutes les classes. C'est aussi le combat de tout le monde pour ne pas vivre dans des cloisons, pour ne pas que la lutte pour la vie soit le quotidien des populations de tous bords. Il faut un changement radical de notre société. F. Dupuis-Déri (2008, p.63) nous rappelle précisément que:

«Les critiques adressées par Marcuse au système économique et politique de son temps sont identiques à celles qu'expriment aujourd'hui les porte-parole du mouvement contre la mondialisation du capitalisme : manque de liberté politique, raison instrumentalisée par les pouvoirs économique et politique, fusion des compagnies toujours à la recherche d'une augmentation de leurs profits, une libre concurrence qui ne profite qu'aux plus forts, des souverainetés nationales aux prérogatives restreintes».

Rien ne semble avoir changé dans la politique économico-politique d'uniformisation et d'exploitation. Le règne du statu quo se renforce. Exploitations et profits se solidifient. Les pouvoirs d'argent inventent chaque jour des procédures de maximisation de gains. En face, se présente un monde avec des contestations de toutes sortes, des joies peut-être, mais des tristesses aussi à profusion. Nous sommes donc devant un constat. Faut-il continuer de diriger le monde tel qu'il est ou changer de cap ? Pour la philosophie marcusienne, il y a urgence à sortir de cet enlisement. C'est du devoir, une fois de plus de la philosophie de réveiller les consciences engourdies par ce système de manipulation et de domination. La réflexion critique ne saurait être, en réalité, une affaire privée mais publique et l'économie politique est une affaire publique. Le Bhoutan, un petit pays d'Asie avec ses 750 000 habitants, semble être sur la voie de réaliser dans son économie politique, ce qui semble être encore pour la plupart des États du monde, une pure utopie. Dans ce pays, la notion économique de produit intérieur brut (PIB), qui consiste à mesurer la production des richesses, la valeur des biens et services, est remplacée depuis 1972 par celle de "bonheur national brut". R. D. Precht (2012, p.312) explique cette nouvelle politique par le fait que : « l'objectif du gouvernement bhoutanais n'était pas la croissance économique mais le bonheur (…) Sa mission : le calcul statistique du niveau de vie bhoutanais incluant tous les facteurs psychologiques et spirituels du bonheur». On peut ainsi dire que les Bhoutanais nous rappellent que nous ne sommes pas que des êtres immatériels ou insensibles mais que nous sommes avant tout des humains, des citoyens, avec des affects, des envies et des désirs qu'une économie véritable ne saurait ignorer. R. D. Precht (2012, p.313) ajoute, en s'appuyant sur la conception Bhoutanaise de l'économie politique, ceci:

« Le PIB ne dit rien sur le bien-être des gens-qui est pourtant le but que devrait poursuivre l'économie. Il ne dit rien sur la qualité de l'eau, ni sur celle du corps enseignant, ni sur les rapports de voisinage ou la couverture sociale ; et il ne se préoccupe pas non plus de la manière dont sont réparties les richesses».

Finalement, comme critère d'évaluation de la performance de l'économie, le PIB semble dans le fond s'intéresser plus à toute autre chose que les populations pour lesquelles, il est pourtant destiné. On se retrouve ainsi dans l'économie des chiffres. Mais la vie des personnes ne se limite pas aux chiffres. Que vaut tout une richesse pour un pays quand les habitants ne se sentent ni riches ni heureux ? Ces questions, Marcuse, n'a cessé de les poser. Acceptons-nous aussi de les poser et d'apporter des réponses satisfaisantes ou devons-nous continuer de vivre dans cette société comme des condamnés ?

C'est, semble-t-il, la deuxième option qui paraît se présenter au détriment de nos besoins. Un *besoin* est perçu dans la philosophie marcusienne comme *sublimé* lorsqu'il cesse d'exprimer la satisfaction individuelle et traduit plutôt une certaine pseudo-satisfaction collective, signe de ce qui est en fait un faux besoin. Cela ne peut certainement se faire sans que notre psychisme en soit modifié. Comment cette modification se fait elle ? Faut-il accepter de se conformer à cette donne ou faut-il plutôt que la révolution soit une fois de plus de mise ? Avec le freudisme et surtout avec la psychanalyse nous essayerons de voir ce qu'il est possible d'envisager.

4. CRITIQUE CONTRE FREUD

Sigmund Freud dont les traits de la réflexion accordent une importance véritable à l'individu, semble pourtant mettre au cœur de la constitution de la personnalité, la société, ses règles, ses tabous, ses interdits. Une contradiction dans laquelle la société paraît prendre le dessus. C'est ce que Marcuse essaie de nous faire partager dans le but bien précis de nous éclairer sur le mécanisme d'adhésion factice de l'individu aux formes de domination les plus illogiques que la société industrielle établie réussit si facilement à imposer.

4.1. Rapport de la pensée freudienne à la société

Tout comme cela l'a été avec Hegel et Marx, Marcuse se réfère aussi à la pensée du père de la psychanalyse,

Sigmund Freud, pour établir une bonne part de sa réflexion philosophique. Freud est considéré précisément par Marcuse comme un repère important à la fois dans la recherche de la liberté de l'individu tout comme dans celle de la compréhension de ce que la société industrielle établie fait de lui. La grande contribution de Freud, c'est d'avoir compris que s'il existe une société, c'est d'abord parce qu'il existe des individus. Ces derniers ne sont pas préalablement conditionnés par les rapports sociaux. Ce qui les prédéfinis, c'est avant tout leur état psychique, siège de tous leurs désirs, pulsions, passions, instincts ; qui déteignent conséquemment sur leur vision du monde, leur personnalité, leur appréciation. Tout comme sur les jugements qu'ils pourraient porter sur tout ce qui les entoure.

Nous l'avions déjà dit. Si l'individu est couramment perçu comme un être doué de conscience, dont les actes dans la société sont censés reposer sur des bases rationnelles, il devrait pourtant être saisi avant tout comme un être marqué du sceau de l'inconscient. C'est d'ailleurs ce qui le particularise avant tout, avant et pendant sa rencontre avec la société dans laquelle il doit vivre le restant de ses jours sur terre.

L'essence de l'individu est donc son psychisme. Plus précisément son inconscient, dans lequel il vit des réalités qu'il ne pourrait pas forcément traduire dans une vie "normale", réglementée par des prescriptions à respecter. Tout simplement parce que dans l'inconscient, il peut manifester un ensemble de désirs, de sentiments, envies, quels que soient les caractères contradictoires. Il éprouve ainsi à la fois une sorte d'autonomie psychique de mouvement et de liberté. L'autonomie et la liberté sont, on peut le dire, réelles au niveau de l'individu et ce, grâce à l'inconscient. C'est d'abord ici qu'il se sent chez lui en tant qu'un individu qui n'est pas sous l'influence ou la direction d'un autre, mais sous celui de ses fantasmes, ses inclinations, ses penchants…Nous sommes donc dans ce cas, au stade ce que l'être à d'enfoui en lui. Ce qui caractérise en fait la profondeur de son individualité.

Dans cette intériorité psychique, l'individu vit une sorte de contradiction harmonieuse car il est à la fois traversé par des instincts de vie et de mort qui ne s'excluent pas mais qui s'entrelacent, se rejoignent dans une sorte de va et vient et où le plus important semble demeurer, la recherche du plaisir individuel. Ainsi, que nous soyons avec *Eros*, l'instinct de vie ou *Thanatos*, l'instinct de mort, leurs différentes orientations dans le psychisme sont finalement guidées par une collaboration au service des aspirations de l'individu. Cela nous amène à comprendre que :

« si l'objectif fondamental de l'instinct n'est pas la cessation de la vie, mais celle de la douleur, l'absence de tension, paradoxalement, le conflit entre la mort et la vie est d'autant plus réduit que la vie approche davantage de l'état de satisfaction. Le principe de plaisir et le principe de *Nirvana* convergent alors » (H. Marcuse, 1963, p.243).

Le principe du plaisir, plus proche d'Éros et celui du *Nirvana* plutôt que de Thanatos, ne s'excluent donc pas comme la société établie semble avoir voulu le faire admettre de tout temps. La vie n'est pas diamétralement opposée à la mort et la joie n'est pas forcement signe d'agitation mais certainement plus de calme peut-être. Si l'on s'en tient à une telle présentation du comportement du psychisme, il est tout à fait évident que l'on puisse espérer pour l'individu à un état de félicité total. Pourtant, la réalité psychique est tout autre, en vérité, les contradictions qui s'y déroulent semblent bien souvent constituer pour l'individu une sorte de déchirement interne du fait d'instances plus ou moins autonomes qui semblent se livrer une guerre de positionnement et d'affirmation.

Que ce soit dans ce que Freud a appelé la *première topique*, avec un psychisme qui se subdivise en *inconscient, préconscient et conscience* ou que nous soyons dans la *deuxième topique*, avec le *çà, le moi et le sur-moi*, l'individu est constamment sous influence : à la fois, de zones érogènes, de modifications auxquelles il se doit de se soumettre, s'il veut voir aboutir certaines de ses pulsions et enfin, il est dans l'obligation de se soumettre aux prescriptions qui dirigent la vie dans la société à laquelle il est censé appartenir. Ce qui fait que l'individu, au lieu d'être seulement dans la délectation de toutes ses envies, se voit obligé d'être sous la domination de trois maîtres que sont : ses instincts, sa personnalité, qui l'obligent à s'adapter aux monde extérieur et à la source pulsionnelle. Enfin, il se voit contraint d'obéir aux règles sociales auxquelles il doit se conformer. Nous sommes donc à vrai dire, dans une sorte de dilemme pour lequel, il faudra pourtant trouver des solutions.

L'une des voies qu'explore Freud, c'est de rechercher par exemple des pistes, afin que l'individu puisse, à la fois affirmer son identité, satisfaire ses instincts et se comporter en un être social. Il s'agit donc de rechercher tout ce qui permettrait à l'individu de vivre, selon toutes ces contraintes qu'impose la vie en société. Cela passe, soit par une transformation de tout ce qui relève du *principe de plaisir* en face du *principe de réalité* , c'est-à-dire, par une sorte d'effacement des instincts psychiques devant la masse des exigences sociales ou soit une adaptation en profondeur de la nature des instincts, à la réalité sociale. La conciliation entre le principe de réalité et le principe du plaisir se présente ici comme une sorte d'exigence à laquelle ne peut échapper l'individu. Il faut donc retenir que :

« Alors que le moi était auparavant guidé et conduit par l'ensemble de son énergie mentale, il n'est maintenant guidé que par sa partie qui se conforme au principe de réalité. Cette partie, et elle seule, va définir les objectifs, les normes et les valeurs du moi ; en tant que raison, elle devient l'unique dépositaire du jugement, de la vérité du rationnel ; elle décide de ce qui est utile et inutile, bien et mal » (H. Marcuse, 1963, p.129).

Voilà, peut-on dire, une des raisons qui tendent à inférioriser, dans une sorte de classification dont la légitimité reste à établir, le principe de plaisir par rapport à celui de réalité. Pour quelles raisons ? Certainement pour celles qui sous-tendent même, la primauté de la société sur l'individu et qui font de la vie elle-même une sorte d'exigence avec un nouveau principe, celui du rendement.

La civilisation pour se maintenir et prospérer selon son modèle technologique exige, en effet, de l'individu de nombreux sacrifices, dont l'un des plus importants, demeure la construction perpétuelle de la société. Selon bien sûr le modèle que celle-là s'est elle-même fixée. La civilisation telle qu'elle s'est jusqu'alors projetée, n'a cessé de privilégier toute propension à la massivité, la collectivité, au calcul, au mesurable, l'accumulation, la raison instrumentale ; plutôt qu'à l'individualité, la personnalité, la distribution, la réflexion véritable qui accordent sa valeur à toutes choses. Nous sommes depuis très longtemps donc, dans une société de rendement qui mobilise toutes les énergies pour bâtir des immeubles, développer la productivité, accentuer la recherche en vue de mieux conquérir des espaces, les dominer, renforcer l'armement, limiter l'amour à la procréation, orienter les pulsions à la défense de la Nation etc. De sorte que, ce qui compte plus pour la société, ce n'est pas tant l'individu. Ce qu'il ressent ou souhaite, mais ce qui met en priorité les objectifs sociaux, la réalité sociale. Nous nous trouvons bien sous la régence du principe de réalité dont fait cas très souvent Sigmund Freud. Comment se manifeste-elle ? Dans quels buts bien précis fonctionne-t-elle ? C'est ce que nous essayerons de comprendre.

4.2. La primauté du principe de réalité

Accorder la primauté au principe de réalité, c'est pour l'individu, la personnalité, la profondeur psychique, s'effacer au profit de ce principe, de cette exigence, des principes de la société industrielle établie. Il semble d'ailleurs qu'il ne puisse en être autrement puisque cette société qui a fait du contrôle de tout et de la productivité, ses principes essentiels, ne saurait à la fois tolérer une autonomie totale et complète des individus qui constituent sa population sur laquelle son emprise est sans relâche. Freud n'est d'ailleurs pas opposé à cette adaptation, cette conformité des individus à la société et soutien à propos que cela contribue à une sorte d'harmonie pour une vie communautaire. Cela pour signifier que :

« Grâce à l'établissement du principe de réalité, l'être humain qui, sous la loi du principe de plaisir, était à peine plus qu'un faisceau de pulsions animales, devient un moi organisé. Il lutte pour « ce qui est utile » et ce qui peut être obtenu sans dommage pour lui-même et pour son environnement vital. Sous le principe de réalité, l'être humain développe la fonction de raison : il apprend à « mettre à l'épreuve » la réalité, à distinguer entre le bien et le mal, le vrai et le faux, l'utile et le dangereux (...)» (H. Marcuse, 1963, p.25).

Sans la société, l'être humain est juste perçu, dans l'entendement de la société du statu quo, comme un simple animal, essentiellement guidé par des instincts aussi désordonnés que dangereux pour lui-même et pour l'ensemble du corps social. Livré donc à sa simple individualité, l'être humain peut-on dire, s'écarterait de la société. Le cadre sans lequel, il ne peut pourtant pas vivre.

Pour pallier un tel état de fait, Freud met en place ce qu'il appelle *les mécanismes de défense psychique*, c'est-à-dire, cette procédure psychique par laquelle chaque individu est capable d'orienter où d'être stimulé à transformer ses désirs en des réactions tout à fait compatibles avec les réalités sociales. En termes d'exemples de mécanismes de défense psychique, Freud fait entre autre allusion au *refoulement*, à *la dénégation*, à *l'identification* ou à *la sublimation*. Tous ces mécanismes ont la particularité, pourrions-nous dire, de permettre doublement à l'individu d'être satisfait. Cela, dans le sens où, ce sont des occasions pour celui-ci, malgré quelques modifications fondamentales de ses désirs, de toutefois pouvoir les réaliser dans la société qui l'accueille.

Hinshelwood Robert D (2009/1 (Volume 2009), p. 83-105) citant Breuer et Freud explique que : « le refoulement traite de « choses que le patient souhaite oublier, et donc refoule intentionnellement de sa pensée consciente, inhibe et supprime » (Breuer, Freud, 1895). Le refoulement permet ainsi à l'individu d'enfouir malgré lui, dans le ça, des désirs et des pulsions qui ne sont pas admis par les règles qui régissent la société dans laquelle il vit.

La dénégation est un « Concept créé par Freud pour désigner, au cours d'une cure analytique, un processus défensif qui consiste à énoncer des désirs, des pensées, des sentiments tout en ne les reconnaissant pas » (A.M. Leriche, 2017, http://www.universalis.fr/encyclopedie/dénégation). Le sujet soumis au processus de la guérison psychanalytique exprime ainsi dans la dénégation tout le contraire de ce qu'il pense réellement.

Quant à *l'identification*, elle se présente comme un « Processus psychologique par lequel un sujet assimile un aspect, une propriété, un attribut de l'autre et se transforme, totalement ou partiellement, sur le modèle de celui-ci. La personnalité se constitue et se différencie par une série d'identifications » (2017, http://psycha.ru/fr/dictionnaires/laplanche_et_pontais/voc134.html). Le sujet de l'indentification se projette dans l'autre que lui-même sans que cela exprime son désir profond. Il se présente sous les traits de l'autre dont il diffère pourtant.

Enfin, « La sublimation porte sur des pulsions partielles qui ne parviennent pas à s'intégrer à l'activité génitale et sont réprimées, ou qui sont détournées au service de buts à valeur sociale. S. Freud fait précéder la sublimation d'un temps de retrait de la libido sur le moi, où elle est désexualisée puis dirigée vers des objets non sexuels mais hautement valorisés » (2017, http://www.psychologies.com/Dico-Psycho/Sublimation). Dans une logique de se conformer aux principes sociaux, le sujet de la sublimation modifie ses instincts afin de les adapter aux actions qui sont considérées comme étant des valeurs dans la société où il vit.

Il devient tout à fait clair que les instincts ne peuvent, dans leur forme brute, pouvoir accéder à une existence concrète tant qu'ils ne se sont pas conformés à la réalité sociale établie qui demeure, à propos, le principal critère de vérifiabilité de leur modification. Finalement, c'est au principe de réalité de la société de domination que revient la primauté de voir se réaliser ou non des tendances psychiques. Ce qui sous-entend que :

« Le dynamisme pluri-dimensionnel, en vertu duquel l'individu constituait et maintenait son équilibre entre l'autonomie et l'hétéronomie, entre la liberté et la subordination, entre le plaisir et la douleur, a fait place à une identification unidimensionnelle de l'individu avec ses semblables et avec le principe de réalité régi » (H. Marcuse, 1970, p.253).

Dans cette structure à une seule dimension, l'espace dans lequel pourraient se développer les processus décrits par Freud n'existe plus. Il en résulte que l'objet de la thérapie psychanalytique n'est plus le même. En plus, la fonction sociale de la psychanalyse se modifie en fonction des modifications de la structure psychique qui, à son tour est produite et reproduite par la société. La pluralité individuelle se noie ainsi dans l'unidimensionnalité de la société industrielle établie de rendement. L'énergie pulsionnelle individuelle devient une source dont on tire le maximum de profit pour la mobilisation, la cohésion sociale. La primauté, dans une sorte de renversement, n'est plus l'individu mais la masse. La théorie freudienne peut donc être perçue selon Marcuse comme s'étant conformée à la réalité de la société industrielle établie avec ses principes d'enfermement et de contrôle. Dans ce sens :

« Les individus sont ainsi prédestinés par leur psychisme et leurs pulsions à accepter et à faire leurs, les nécessités politiques et sociales imposées par la mobilisation croissante avec les armes de destruction atomiques, de même qu'on les familiarise méthodiquement avec la mort, la cruauté et l'injustice » (H. Marcuse, 1970, p. 258).

La technique en marche ici, c'est celle de se conformer à toutes les exigences politiques et sociales qu'impose ce monde, tout en se faisant à l'idée que ce sont les nôtres. Aux désirs, passions ou instincts individuels qui devraient pouvoir s'extérioriser, se sont tout simplement substitués les principes de la société industrielle de domination. Tout semble être mis en œuvre, même par la psychanalyse pour que les exigences de cette société industrielle établie deviennent celle de l'individu tout simplement. Dans cette optique, outre les campagnes propagandistes d'appartenance à une nation, à un idéal de vie commune ; ce sont les mass médias, les cultures populaires, les styles quotidiens de vie de cette société d'abondance qui sont chaque jour inoculés à doses variantes aux individus. Cela, afin qu'ils soient de plus en plus aptes à servir la société industrielle de domination. On peut raisonnablement admettre que des écrits de Freud, en vue de justifier l'intégration de l'individu dans la société, ont aussi permis un certain statu quo, à la base de biens situations dommageables.

4.3. L'implication de la psychanalyse freudienne dans le maintien du statu quo

Vu sous un certain angle, quand il s'agit de tout faire pour que l'individu soit réellement un être social, le rôle de la psychanalyse consiste dorénavant non plus, à éclairer comme cela aurait pu être souhaité, mais à faire admettre qu'il n'y a pas d'autres alternatives, si ce ne sont celles qui consistent à se conformer au monde tel qu'il se présente, tel qu'il évolue. C'est bien d'ailleurs, un de ces rôles que jouent les psychanalystes dans les sociétés industrielles établies en essayant chaque fois de ramener à la société, des *patients* que celle-là a pourtant fini par traumatiser à cause de ses nombreuses exigences. Les psychanalystes, dont le rôle est de plus en plus devenu incontournable dans la société industrielle établie, précisément parce qu'ils favorisent l'intégration de l'individu, prennent rarement, peut-être pas du tout, le parti de l'individu traumatisé. Ils font par contre tout pour qu'il accepte, qu'il se conforme aux principes de la société industrielle établie. Dans le cas contraire, *le malade mentale* est bon pour un asile ou un *"centre spécialisé"* où des traitements de choc pourraient lui être administrés, afin qu'il ne constitue pas un cas de révolte contre cette société qui refuse toute opposition.

Tout est donc mis en œuvre pour étouffer les aspirations, même les plus légitimes. La solution magique qui est privilégiée est que :

« dans les sociétés modernes traversées par toutes sortes de déchirements (c'est de)...faire entrer les phénomènes anomiques (fatigue, dépression, maladie mentale) dans une phase de reproduction élargie par le développement de politiques et de lieux sociaux (psychiatrie, service social, etc.) destinés à apporter des corrections aux effets négatifs de l'économie de marché, mais non à remettre en cause les lois de cette dernière » (N. Baccouche,1990, p.117).

Ce qui importe prioritairement, ce n'est pas tant que l'individu se porte bien, peut-on dire, mais que la société marchande ne soit pas perturbée. Ce n'est pas à la société de s'adapter à l'individu mais bien le contraire. Les réactions de mal-être que l'individu ressent dans cette société qui s'est établi ses règles de profits continuels, sont justes perçues comme étant des maladies dont il doit se soigner. Pourtant, il est tout à fait normal que chaque individu exprime sa spécificité avant même d'appartenir à une masse. Une réalité que nie la société industrielle établie puisqu'elle privilégie la globalisation des individus afin de mieux les endoctriner, les manipuler et les mettre à sa disposition, dans sa politique de rendement.

« Le résultat en est la formation du moi au sein des masses et par les masses, masses qui dépendent elles-mêmes de la direction objective et réifiée de l'administration technique et politique » (H. Marcuse, 1970, p.267). Il existe en effet, une administration, une gestion, une coordination technique, avec un système bien établi et des outils bien appropriés qui contrôlent toutes les formes de pouvoirs et de décisions au sein de la société industrielle établie. Celle-ci se donne des objectifs bien spécifiques en ce qui concerne l'individu. Ce qu'elle vise chez l'individu et qu'elle réalise constamment, c'est de réussir à créer, grâce à ses techniques et sa politique, des individus bien intégrés dans les masses. Elles-mêmes bien dressées pour exécuter un ensemble de grandes tâches nationales et mondiales. Tout cela confirme le fait que l'emprise de la société sur l'individu semble être donc manifeste. Si l'on s'en tient à une certaine interprétation de la psychanalyse freudienne.

Dans les écrits de Hegel et Marx aussi, l'on a pu relever un certain nombre d'indices qui tendent à légitimer des formes dominatrices ou, peut-on dire, ont servi de prétextes, pour maintenir une forme de domination technologique. Ainsi, sous des apparences de rationalité, ce sont des réalités évidentes d'asservissement qui ont cours dans la société industrielle établie. Pour que de telles situations perdurent, c'est certainement parce qu'elles s'appuient sur des noyaux conceptuels qui masquent ses différents traits de domination et donnent l'illusion de réalités qui semblent être loin d'être fausses. Pourtant, c'est, semble-t-il, de telles réalités qui envahissent sans cesse l'univers des réflexions dominantes dans la société industrielle établie.

Les critiques marcusiennes contre Hegel, Marx, Freud, la société technologique, ou différentes pratiques dans l'univers unidimensionnel, acerbes, justifiées ou fondées, n'en demeurent pas moins, elles aussi sous la critique. Des critiques qui trouvent des insuffisances aux critiques marcusiennes.

5. LES CRITIQUES CONTRE LA CRITIQUE MARCUSIENNE

La philosophie critique dans laquelle s'inscrit Marcuse, en voulant jauger chaque activité dans la société industrielle établie, en relevant les insuffisances de certaines démarches, a l'avantage de présenter l'ossature de sa réflexion. Contre cette réflexion s'opposent aussi d'autres points de vue tout aussi argumentés et pertinents.

5.1. La société américaine mal perçue par Marcuse ?

Les États-Unis d'Amérique et leur société technologique avancée, constituent, peut-on dire, la boule autour de laquelle Marcuse établit sa déconstruction de la technologie. C'est en effet, la société américaine, image paradigmatique de l'avancée technologique et sa propension à la manipulation et à la domination mondiale, que le citoyen américain qu'est Marcuse, ne cesse de mettre en cause dans ses différentes critiques à l'encontre de la technologie et de son emprise mondiale. Cette position marcusienne sur la société américaine ne rencontre pas l'assentiment de certaines critiques qui, si elles ne la remettent pas totalement en cause, s'étonnent de la présentation qu'il fait du mode de vie américain. Elles relèvent en effet, des contradictions, des déformations et une certaine volonté de Marcuse de faire fi de la réalité dans laquelle il vit ; de laquelle il construit surtout l'essence de son système.

M. Ambacher (1969) dans Marcuse et la civilisation américaine, avec une feinte d'ironie, s'étonne de ce que Marcuse puisse rejeter le mode de vie américain puisqu'il n'en « subit pas la fascination (…) » « mais d'autre part, pour affirmer que « la conquête de la Nature est pratiquement totale », il faut bien que Marcuse partage l'optimisme scientifique des Américains (…) ». Marcuse, selon Ambacher, se trouve ainsi dans une sorte de dilemme intérieur. Quand cela semble l'arrange, il critique la technologie et tous les déboires qu'elle pourrait présenter. Quand il se retrouve désarmé face aux prouesses technologiques, il s'empresse d'y voir tous les avantages qu'on peut en tirer.

Pour Ambacher, Marcuse est lui-même victime d'un cloisonnement dans lequel il s'est mis et dont-il n'arrive pas à en sortir. Il est nostalgique d'un mode de vie marxiste qu'il a du mal à trouver en terre libérale américaine. C'est pourquoi, M. Ambacher (1969, p. 128) en vient à la conclusion que

« (...) l'idéologie qui concerne la société unidimensionnelle ne saurait être absolument objective. En lui donnant naissance, Marcuse n'a fait sans doute que projeter son propre « enfermement » d'immigrant sur le monde qui l'entourait. Et à cet égard les thèmes empruntés à l'hégélianisme et au marxisme devaient plutôt contribuer à l'égarer qu'à l'éclairer ».

L'unidimensionnalité de la société américaine que dépeint Marcuse est en ce sens vue, dans l'entendement d'Ambacher, comme un refus de voir toutes les possibilités qu'offre l'Amérique. Cela, est accentué avec les réflexions hégéliennes et marxistes que développe Marcuse. Dans celles-ci, la part belle est faite au pouvoir des possédants et des industriels, face aux démunis. Mais ce que Marcuse pourrait, peut-être sciemment, évité de relever, c'est que dans la société américaine, précisément, les individus ne sont pas condamnés à demeurer dans leur classe sociale. De sorte que les riches et les industriels d'aujourd'hui, aux États-Unis, sont pour certains d'entre eux, des démunis d'hier ou des migrants qui ont tout abandonné pour voir la vie leur sourire à nouveau sur cette nouvelle terre. Marcuse n'a-t-il pas, dans ces cas, été trop radical dans ses prises de position ? N'a-t-il pas eu une vision trop globalisante, à propos de la société américaine, dans laquelle il finit par se laisser emporter ?

G. Deledalle (1987, p.262), lui aussi connu pour sa grande connaissance de cette société américaine est d'avis qu': « en fin de compte, de l'idéologie américaine,

Marcuse a adopté à son insu les « valeurs » les plus « matérialistes », parce qu'il en a rejeté l'esprit, cet esprit de laboratoire qui est la pierre de touche de la philosophie américaine. Sa philosophie débouche sur une utopie qui est la caricature du rêve américain, annonce de l'avènement d'une société de loisir par l'automation ».

Pour dire que la même société américaine que Marcuse dénonçait, est finalement devenue dans le fond et dans ses pratiques, le socle de sa réflexion philosophique qui espère en un monde joyeux et à des tâches quotidiennes moins pénibles grâce, une fois de plus, aux avancées technologiques. Tous ces éléments conjugués pourraient tendre à faire croire que Marcuse semble avoir dévoyé le sens de certains concepts sur lesquels il s'est pourtant très souvent appuyé.

5.2. Marcuse ou la critique accusée de déformation

La description que Marcuse fait de la société industrielle établie ou avancée, les thèmes qu'il utilise, les critiques qu'il fait à l'encontre de certains concepts ou de certains auteurs ou la démarche qu'il aborde dans certains cas, soulèvent un certain nombre d'interrogations, voire de remises en cause. Des auteurs, analysant un certain nombre de ses réflexions, considèrent, en effet, que Marcuse adopte une démarche où, bien souvent, l'objectivité scientifique et la *démarche sociologique* que requiert un travail sur toute société, demeurent encore insuffisantes.

Dans l'introduction à *Raison et Révolution,* Robert. Castel, que cite A. Nicolas (1970, p.6) reproche à Marcuse son manque d' « une exigence d'observation et de vérification ». Ce qui fait dire à R. Castel (1970, p.25) que « seul l'effort pour lier la posture critique et la posture scientifique commandée par l'analyse des contradictions internes de la société peut garantir l'objectivité de la théorie sociale ». Une façon de relever le fait que l'intention seule ne suffit pas quand il s'agit de parler de la société en général. La dénonciation de ce qui pourrait être considéré comme étant des tares de cette même société ne suffit pas, si on veut paraître assez objectif.

Le travail académique, auréolé de la démarche scientifique, exige que la critique se remette en cause en introduisant ses propres concepts dans l'univers du quotidien afin de saisir leur applicabilité ou non. Si cela n'était pas le cas, ce serait de façon atrophiée, que la réflexion, qui se voulait sociale pourrait être perçue par la même société. Il y a aussi le penchant marcusien pour des auteurs comme Hegel, Marx et Freud, que la critique considère comme étant déformé par Marcuse.

P. Masset (1969), retient par exemple de Marcuse, sa philosophie freudo-marxiste qui est, à ses yeux, une inclinaison à réduire *l'homme à un ensemble de besoins biologiques*. Cette position de Masset, s'appuie sur la recherche effrénée du plaisir et de la satisfaction du quotidien dont fait cas Marcuse, en mettant justement entre parenthèse le caractère spirituel qu'incarne l'individu.

Plus virulente est la critique de J.-P. Cotten (1969, p.160) qui affirme que « Marcuse ne peut jamais tenir un discours théoriquement rigoureux concernant la validité et la consistance des concepts et de la théorie du matérialisme historique ».

Cotten que cite A. Nicolas (1970, p.8) s'insurge précisément contre cette tendance de Marcuse, selon lui, à vouloir attribuer à Marx « des expressions comme : « système de besoin », « négation » expressions hégéliennes dont Marx épure systématiquement ses écrits à partir du grand texte méthodologique de 1857 (Cf, La Nef N°36, p. 154 (en note) ». Pour Cotten donc, il y a lieu de mettre en doute la valeur marxiste des écrits de Marcuse, qui demeurent, à ses yeux, entachés de concepts hégéliens. Ce qui fausse, tout naturellement, les conclusions auxquelles aboutit Marcuse sur sa vision marxiste de la société. Une vision qui appelle à la révolution, au changement, comme l'exige à plusieurs reprises Marcuse. Mais comment une révolution est-elle possible si les acteurs de cette révolution ne peuvent être clairement identifiés ?

5.3. La révolution marcusienne mise en mal ?

S'il est vrai que toute philosophie est avant tout, philosophie de son temps et de son espace, il y a à se demander comment une philosophie peut prospérer si elle n'apprécie pas comme il se doit le cadre général qui devrait pourtant lui servir de matière à réflexion. C'est, peut-on dire, le principal dilemme que les critiques de Marcuse font à sa philosophie qui envisage précisément de voir les choses changer dans la société technologique avancée.

L'on se demande, en effet, comment Marcuse, qui a une vision, considérée comme non conforme de la société américaine, qui a une démarche conceptuelle sujette à des critiques acerbes, peut-il susciter la révolution qu'il suggère. L'identification des sujets du changement que Marcuse trouve dans certaines couches sociales, dans certaines réflexions ou dans certaines activités, garantie-t-elle un véritable changement ?

Des critiques, tels Ambacher, reprochent à Marcuse de mettre tellement l'accent sur la civilisation des loisirs dans la société américaine, qu'il oublie certainement que l'existence, réduite à cela, pourrait perdre sa valeur. Ce qui fait la valeur de l'existence et surtout de la société américaine, c'est sa disponibilité à aller au-devant de challenges perpétuels en vue de s'accorder l'état d'être qu'elle désire véritablement et non un état de félicité permanente qui pourrait s'apparenter à quelque chose de statique.

C'est pourquoi, A. Ambacher (1969, p.120) soutient d'ailleurs que « Marcuse fait miroiter la venue de l'ère des grandes vacances qui se perpétueront, sans plus être assombries (...) ». La réalité est qu'il n'y a pas de vacances qui ne prennent fin. Le fait implacable est bel et bien là. On ne peut l'éviter indéfiniment. Cette autre réalité est peut être celle dans laquelle les peuples américains se sentent le mieux, tout comme les populations des autres sociétés que Marcuse sollicite pour le renversement qu'il souhaite. C'est bien donc ce qui pourrait endiguer un véritable changement comme le désire Marcuse.

« Car si Marcuse n'a pas tort de dénoncer par exemple l'abrutissement au milieu duquel certains Américains travaillent, ou la docilité avec laquelle ils se plient aux contraintes de la mode et de la publicité, l'Amérique c'est tout autre visage. Celui d'hommes et de femmes dynamiques, courageux, qui ne s'abritent pas derrière le formalisme et vont droit au résultat » (A. Ambacher, 1969, p.128).

Ainsi, si ceux pour qui il faut lutter pour une certaine liberté, se plaisent plutôt dans leur existence quotidienne, il reste à savoir si l'angle de leur prétendue conversion n'a pas été mal abordé. Si ce n'est pas en fait cette vie qu'ils désirent et qui leur sied. Pour Ambacher, c'est bien cette existence à aller au devant d'obstacles, de dangers probables et de les affronter qui convient à la vie des américaines et des américains. Ils se sentent en effet, appartenir à une terre dont chaque parcelle a été conquise par leurs ancêtres migrants.

Plus loin, à un stade mondial, le capitalisme qui est aussi dans le collimateur de Marcuse, ne cesse de prospérer ou de se relever perpétuellement grâce à ses propres outils. Il nous faut en effet, savoir que « si le système se stabilise, ce n'est pas parce que les contradictions économiques disparaissent, mais parce que le capitalisme a mis au point un certain nombre d'interventions de nature à résoudre certaines d'entre elles » (G. Raulet, 1978, p.143). C'est bien sur la solidité de ces bases sur lesquelles le système technologique capitaliste est assis que se trouve toute la difficulté véritable à l'en déraciner

On comprend bien que les réflexions de Marcuse ne sont pas justes écoutées et acceptées mais qu'elles subissent elles aussi des critiques dont il faut certainement tenir compte. Ce qui est une bonne occasion pour découvrir la profondeur de la réflexion marcusienne, à la fois, devant ces accusations mais surtout par rapport aux nombreuses voies possibles de libération et de changement face à une société technologique contre laquelle tout semble d'avance perdu.

6. Les réponses de Marcuse aux critiques

Dans son ouvrage, considéré comme étant celui de référence, *L'homme Unidimensionnel*, H. Marcuse (1968, p.5) reprécise ceci :

« J'ai analysé dans ce livre quelques tendances du capitalisme américain qui conduise à une « société close »-close parce qu'elle met au pas et intègre toutes les dimensions de l'existence, privée et publique (…) Mieux que jamais auparavant les individus et les classes reproduisent la répression subie (…) La démocratie consolide la domination plus fermement que l'absolutisme ; liberté administrée et répression instinctuelle deviennent des sources sans cesse renouvelées de la productivité ».

Marcuse ne prétend aucunement refaire toute l'histoire des États-Unis. Il porte, par contre, un regard historique, critique et réaliste sur les dysfonctionnements du système capitaliste des États-Unis à l'encontre des minorités et dit comment réorienter le pouvoir matérialiste afin de faire disparaitre la société conflictuelle et malheureuse qu'il ne cesse de nous offrir. *L'historicité* de la société américaine fait allusion, non au passé des États-Unis mais au présent que les conditions d'existences passées ont favorisé et continuent de maintenir dans les relations économiques et sociales. H. Marcuse (1972, p.12) précise que l'historicité « est le titre de ce qui détermine et délimite l' « histoire » en tant que telle (...) il s'agit de l'histoire en tant que mode de l'être (plutôt de) l'histoire comme advenir, comme mobilité ». L'historicité des États-Unis reste en ce sens tributaire de ses influences historico-existentielles où les conquêtes au travers de la guerre contre des autochtones Indiens, la traite négrière, l'esclavage, l'importation de la main d'œuvre pour des travaux pénibles, le racisme ou la ségrégation, continuent de hanter et de marquer la société américaine qui a du mal à faire le saut qualitatif pour se défaire totalement de cette inhumanité. La conséquence, c'est que la répression devient banale contre :

« Les minorités impuissantes mais toutes désignées qui apparaissent comme des corps étrangers gênant le système établi, parce qu'elles parlent un autre langage (...) Les Noirs et autres gens de couleur, les hippies, *les intellectuels radicaux constituent de telles cibles* » (H. Marcuse, 1973, p.46).

C'est cette réalité du vécu quotidien des États-Unis qui continue de survivre, malgré les luttes continuelles pour les droits civils. Le système capitaliste ne cesse de se barricader, de se renforcer et de proposer soit l'absorption, soit l'annihilation. Devant ces critères rétrogrades

Marcuse constate que tous les arguments sont en défaveur du système qui ignore non seulement les contradictions qu'il ne cesse de produire tout comme les bases de la contestation qui ne cessent de s'élargir. H. Marcuse (1968, p. 280) rappelle à cet effet, que :

« Au-dessous des classes populaires conservatrices, il y a le substrat des parias et des « outsiders », les autres races, les autres couleurs, les classes exploitées et persécutées, les chômeurs, et ceux qu'on ne peut employer (...) leur vie exprime le besoin le plus immédiat et le plus réel de mettre fin aux conditions et aux institutions intolérables ».

C'est une lutte pour la survie. Elle concerne tous ceux que le système de profit écrase chaque jour. La réalité est que le capitalisme glouton ne cesse de créer des impaires qui finissent par unir toutes les forces de changements. Les minorités d'hier sont définitivement engagées dans le processus irréversible d'être les majorités de demain. J. Millman (2002, p.282) nous donne un aperçu de cet avenir lorsqu'il écrit que : « de même que la « latinisation » de la Floride du Sud a transformé Miami (...) en capital de l'Amérique latine, de même l'immigration asiatique est en train de transformer la Californie en jardin de l'Asie ». La lutte pour des États-Unis moins conflictuels passe, moins dans un affrontement, que dans un rapport démographique et économique en passe d'être remporté par certaines minorités. Sans oublier le débat d'idées sur des argumentaires historiques et humanitaires. Ce à quoi, nous invite Herbert Marcuse.

Pour parvenir à ce changement, il nous faut commencer par dépoussiérer les convictions sur lesquelles nous avons, dans un héritage conceptuel, pu bâtir notre vision du monde. Les réflexions de Hegel, Marx, Freud et celles des critiques contre la philosophie de Marcuse, ont justement permis de décortiquer toutes les entraves qui renforcent le maintien du statu quo tout comme l'obstination à ne pas comprendre que notre monde technicisé est tout sauf celui d'offrir toute sa place au mérite de l'individu. Face à ce qui paraît être un blocage dangereux, il n'y a d'autres choix que celui d'un changement radical du mode d'évolution de cette société. Les personnes, les moyens et la manière pour y parvenir existent. Marcuse nous invite à ce nouvel horizon.

CHAPITRE III
LA PHILOSOPHIE CRITIQUE POUR UNE SOCIÉTÉ TRANSFORMÉE ET LIBERÉE

« En un certain sens (...), la philosophie de la praxis est (...) une philosophie libérée (ou qui cherche à se libérer) de tout élément idéologique unilatéral et fanatique, c'est la pleine conscience des contradictions, où le philosophe lui-même, individu ou groupe social tout entier, non seulement comprend les contradictions, mais se pose lui-même comme élément de la contradiction, élève cet élément à un principe de connaissance et par conséquent d'action... » (A. Gramsci, 1975, pp.101-102)

La philosophie, telle que la perçoit Marcuse, demeure, malgré toutes les critiques dont elle a pu être l'objet, un pilier essentiel dans la transformation de la société pour un monde meilleur. La difficulté, certainement pour cette discipline, c'est peut-être d'avoir abordé jusqu'alors les questions sociales et de développement sous des angles qui ne cadrent pas véritablement avec les réalités telles qu'elles se présentent.

Si Marcuse partage, en effet, des positions avec des prédécesseurs, tels Hegel ou Marx sur des questions de gouvernance, d'évolution du monde, il garde tout de même ses distances sur certains points. Ses appréciations portent particulièrement la marque d'une réelle nouveauté qui suscite plus d'espoir, dans un monde où la technologie semble avoir tout verrouillé. Une pensée essentielle dans laquelle se reconnaît H. Marcuse (1968, p.281) en citant Walter Benjamin, lorsque celui-ci affirme que : « c'est seulement à cause de ceux qui sont sans espoir que l'espoir nous est donné ». Marcuse nous permet ainsi, à propos, d'avoir une idée de la particularité de la philosophie qui est promue ici. L'espoir, mieux l'espérance c'est encore ce qui reste quand on a tout perdu ou quand on croit nous avoir tout enlevé. Mais ici, rien n'est jamais, totalement et définitivement perdu.

L'espoir existe de toujours construire la vie, de lui donner les orientations que nous voulons. Le monde a les ressources pour cela. Il suffit de savoir à nouveau les mettre en pratique. Disons aussi que la philosophie marcusienne, tout comme d'ailleurs toutes les philosophies, n'est aucunement pas un bol de remèdes, tout prêt à être utilisé ou un ensemble de solutions miracles. Elle est surtout la manifestation d'un ensemble de propositions. C'est d'ailleurs en ce sens qu'il faut retenir que :

« Le philosophe n'est pas un médecin ; il n'a pas pour tâche de soigner des individus mais de comprendre le monde dans lequel ils vivent-dans le sens de comprendre ce qui a été fait de l'homme et ce que peut faire l'homme » (H. Marcuse, 1968, p. 207).

Ce qui arrive aux individus, n'est donc pas le signe d'un quelconque destin, d'une marche programmée de l'humanité au travers d'une certaine raison. Mais bien la traduction de faits historiques, bien identifiés, qu'il faudra relever et présenter tels qu'ils se sont produits. C'est seulement ainsi qu'on saura non seulement ce qui s'est passé mais qu'on essayera de voir ce qui devra être fait pour améliorer la situation. Ce qui signifie qu'en tout point de vue, la philosophie doit se garder de nager dans des considérations obscurantistes. Ceci, afin que l'inactivité et le fatalisme soient bannis pour ne pas tomber dans des présupposées réflexions. Sinon, on donnera raison à ceux qui pensent que :

« C'est le Diable qui tient les fils qui nous remuent ! Aux objets répugnants nous trouvons des appâts ; Chaque jour vers l'Enfer nous descendons d'un pas,

Sans horreur, à travers des ténèbres qui puent » (C. Baudelaire, 2014, p.1)

Comme si de façon irréversible notre destin est définitivement scellé, de sorte que même l'inadmissible puisse trouver des égards à nos yeux. Si cela devrait être, ce serait tout simplement l'expression d'une croyance immonde que ce monde de la massivité tenterait de nous fait croire. Il nous faut pourtant résister à ce défaitisme en éveillant nos sens que des drogues de ce monde enchanteur et exploitant tentent par tous les moyens de nous y maintenir. Ces drogues sont des illusions afin de simplement maintenir le statu quo de la domination des mêmes cercles de pouvoir sur la grande majorité des démunis dont le nombre ne cesse de grossir.

« Oui, le monde marche sur la tête ! On nous demande de travailler plus mais de gagner moins d'argent. On nous demande d'en finir avec la solidarité parce que la concurrence, quel que soit son coût, doit donner le ton de la musique nouvelle pour soi-disant garantir la richesse » (S. Hessel, 2013, p.13).

C'est toujours à la majorité de la population qu'on demande des efforts pour un mode de vie qui au lieu de s'améliorer, ne cesse de se dégrader. La déshumanisation ne cesse de prendre de l'ampleur pour des nations qui de plus en plus se disent pourtant civilisées. La conséquence de cette civilisation suspecte, c'est que la violence d'une population étouffée se manifeste, en prenant toutes sortes de tournures.

C'est pourquoi, dans un second sens, Marcuse se tourne vers la philosophie, dont il retient qu'elle est la lueur d'un espoir capable de naître partout où se trouvent les individus. Cela veut donc dire que la soif de la liberté ne saurait être étanchée en fixant nos regards, seulement vers une seule et unique classe d'individus ou une profession donnée. Il s'agit plutôt de regarder vers tous ceux qui peuvent garantir des possibilités d'étincelles de la liberté ou qui sont capables de les produire. En plus, il est absolument hors de question ici de voir les antagonismes sociaux sous les vieux clichés de travailleurs et détenteurs du capital, prolétaires et bourgeois ou pauvres et riches. L'intégration, la manipulation, le contrôle des forces de production et des opinions dans l'existence quotidienne, auxquels est parvenue la société technologique avancée, nous empêche aujourd'hui d'avoir une vision trop étriquée et parcellaire des choses.

Il s'agit plutôt d'en avoir une appréciation beaucoup plus globale et plus systémique, pour en saisir la réelle portée dominatrice. Cette autre tâche incombe une fois de plus à la philosophie, qui fait non seulement le constat de la réalité technologique dans laquelle nous baignons, explique son rôle dans une situation aussi cruciale, établit les fondamentaux sur lesquels il faut s'appuyer pour mener toutes les luttes d'affranchissement et fait surtout des propositions pour un monde meilleur, plus libre. Mais avant tout cela, il nous faut revenir sur le rôle que la philosophie pourrait jouer face à la société technologique.

1. LA PHILOSOPHIE ET LA SOCIÉTÉ TECHNOLOGIQUE

Quel regard, la philosophie pourrait-elle avoir sur la société technologique ? Doit-elle se contenter de l'apprécier telle qu'elle se présente ou doit-elle en donner une autre image ? Ces questions, pour Marcuse, méritent d'être posées surtout que c'est l'existence et le fonctionnement de la technique de domination qui sont interpellés. Comment faire pour que l'existence soit digne d'être vécue et donner à la technique une autre voie que celle d'exploitation et de manipulation jusqu'alors entretenue ?

1.1. L'historicité de l'existence comme possibilité de libération

Dans un monde où même les réflexions, les opinions, semblent être à la solde d'un système technologique de domination bien ficelé, on pourrait, si on veut se garder de réellement penser, se demander en quoi, est-il bon continuer de penser, de mener des interrogations, de faire encore des analyses, de décrypter la profondeur des évènements, des choses, de saisir l'essence de ce qui est, de faire des projections pour l'avenir, quand en réalité tout paraît avoir définitivement été réglé ? Ces questions restent malgré tout essentielles sinon, elles n'auraient jamais pu effleurer notre esprit. Pourtant, il y a toutes ces voix intérieures et extérieures qui ne cessent de nous rappeler qu'il est de notre droit, de notre devoir de ne jamais cesser de nous interroger. Socrate, le *"grand patron des philosophes"* n'a d'ailleurs jamais cessé tout le temps de son existence, de procéder par questionnement pour accoucher des esprits.

Il se trouve que pour la philosophie, les choses ne sont jamais définitivement finies. De telle sorte que, même quand l'on croit qu'il n'y a plus rien à faire, c'est précisément là que tout est à faire ou même à refaire. La philosophie marcusienne se trouve précisément interpellée dans ce monde technologique établi où la domination semble régner à tous les niveaux.

Nous sommes en effet ici, dans une philosophie qui tient compte du caractère historique de l'existence elle-même et de ce qu'elle a pu en à faire. Ce qu'elle en a fait, c'est d'avoir, de façon irrationnelle, donné de l'univers tout entier, un aspect rationnel. Une situation qu'il convient de mettre à nu, tout en faisant ressortir toutes les failles qu'elle présente et ce qu'il faut faire pour juguler cela. Il y a d'ailleurs dans l'existence de tous les jours, énormément de faits inadmissibles que la philosophie, en tant que source éclairante n'a pas le droit de regarder tout en feignant de ne rien voir. Le philosophe a dans le fond, pour principe, d'être du côté des masses souffrantes. Surtout qu'il existe en plus, tellement d'indices qui permettent de montrer des possibilités réelles de liberté. Il s'agit donc de ne jamais s'exprimer uniquement pour-soi ou en-soi, mais de parler par rapport à tout ce qui est. La réflexion consiste dans ce cas à s'intéresser à tout ce qui nous entoure et de voir dans quelles mesures, il pourrait se présenter des possibilités de voir les choses évoluer ou présenter un aspect plus reluisant. C'est pourquoi, en « parlant et en pensant pour lui-même, le philosophe parle et pense à partir d'une position particulière dans sa société, il le fait à l'aide du matériel que lui transmet cette société et qu'elle utilise » (H. Marcuse, 1968, p.242). Ce n'est donc pas ex-nihilo que le philosophe s'exprime. Il ne refait pas le monde à partir de rien mais bien à partir de ce qui lui est donné de voir, de ce qui a fait advenir ce monde. Ce qu'il voit, ce sont tous les verrous que met la société industrielle établie pour mieux contrôler les individus et dominer l'univers. Quand d'autres voies, moins avilissantes existent pourtant et sont capables d'être explorées.

Le philosophe essaie en effet, de comprendre pourquoi la société industrielle établie s'est, à l'origine, engagée dans la voie de la domination dont les issues sont pourtant incertaines. Cela, malgré de nombreuses conséquences, telles les contradictions dans les différentes tâches, les révoltes, les contestations, les faillites, les affrontements de tous ordres, les courses à l'armement, les guerres, les horreurs de toutes sortes, une imagination heureuse qui est en voie de disparaître pour laisser la place à un effroi sans fin etc. Une tentative d'explication pourrait nous permettre de comprendre qu'en fait, la logique au cœur de l'avènement de la société industrielle de domination, ne pouvait donner qu'un tel monde fait d'incertitudes et de violence permanente.

Il faut donc changer le noyau au cœur de l'avènement d'un tel monde ou à défaut, réorienter l'existence telle qu'elle a jusqu'alors été perçue. Ce qui signifie donc qu'il faut une profonde modification de l'appareil technologique afin qu'il ne serve pas essentiellement à l'oppression, au contrôle et à la manipulation. Cet appareil devrait pouvoir se concentrer réellement et uniquement à promouvoir les valeurs réelles de l'humanisme, de l'épanouissement, de la liberté. C'est là qu'il nous faut comprendre, peut-être, l'esprit très ouvert de Marcuse. La technologie, quoique décriée par lui, n'est pas pour autant rejetée.

Il ne nous faut pas oublier que toute matière n'est jamais d'avance rejetée par la philosophie. Tout est matière à philosopher. C'est donc en ce sens que Marcuse voit dans l'expression technologique, des éléments qui pourraient constituer à la fois un mieux-être et une nouvelle source de réalisation pour l'individu. Une façon de dire que la technologie, en dehors de certains de ses aspects, peut être orientée, de sorte à atteindre ce qui lui était assignée à l'origine, c'est-à-dire faciliter, à la fois les tâches de l'être humain dans son quotidien et s'intéresser aux valeurs universelles.

1.2. La réorientation de la technique

Si nous poussons plus loin la réflexion, en retenant le fait que la propension technologique puisse toucher tous les niveaux d'activités et d'existence, cela reviendrait aussi à admettre que l'effort physique et le temps de travail pourraient diminuer pour les individus. Ce qui est sans aucun doute quelque chose de très appréciable. Puisque « grâce à l'automation croissante, le travail aliéné peut être réduit au minimum et le temps libre deviendra le temps essentiel de l'homme » (E. Voltant, 1976, p.9). Ce qui signifierait donc que le travail pénible et toutes les souffrances qu'il entraîne ne serait pas en premier, ce qui occuperait la vie de l'individu. Celui-ci travaillerait certes, mais pas comme il le fait dans de nombreuses situations, sans aucune aide technique et donc difficilement. La technologie touchant toutes les activités de travail, une sorte d'autorégulation étant mise en place au niveau des unités industrielles et fonctionnant dans la chaîne de la production avec une intervention très limitée des travailleurs, les individus avanceraient obligatoirement plus rapidement dans leurs tâches. La production serait considérable et les individus auraient plus de temps libre pour s'adonner à leurs réels loisirs. Ce qui serait différent des temps de loisirs jusqu'alors existant et qui ne durent que le temps d'un mois de congé sur onze mois de travail.

Un temps qui paraît d'ailleurs toujours insuffisant pour le travailleur qui reprend son service sans avoir pu véritablement s'adonner à ses passions. Surtout qu'en plus, le travail laborieux qui a occupé la majeure partie de son temps, ne lui a véritablement pas accordé les moyens financiers nécessaires pour son épanouissement. Si la réflexion est réellement poussée un peu plus loin, cela nous permettrait de découvrir de nombreux avantages liés à la présence de l'automation dans la chaîne de l'activité des individus. Il nous faut, en effet, saisir que :

« L'automation semble vraiment être le grand catalyseur de la société industrielle avancée (...) s'il y avait une automation complète dans le domaine de la nécessité, l'homme bénéficierait d'un temps libre tel qu'il pourrait enfin donner forme à sa vie privée et sociale. Ce serait la transcendance historique vers une nouvelle civilisation» (H. Marcuse, 1968, p.62).

Si l'existence n'était pas en partie occupée par le rendement, la recherche du profit, la précarité, une nouvelle façon de vivre naîtrait certainement. Elle permettrait par exemple de voir au-delà de cette existence de contraintes, d'individualisme et faire une projection sur une manière de vivre où les valeurs seraient certainement recherchées. La vie telle qu'elle a jusqu'alors été menée serait remplacée par une existence faite d'abondance et de jouissance. Cela, pour dire qu'il est donc possible de rêver, même avec la technologie actuelle, à une civilisation qui ne soit pas dominatrice et destructrice. Pour ce faire, la machine technologique devrait non seulement garantir une plus grande liberté aux individus, mais voir ses objectifs connaître une certaine modification afin de viser par exemple, des domaines de valeurs éthiques qui donneraient de la vie, une forme plus appréciable. Le problème, ce n'est pas la performance de la machine ou les inventions formidables qui sont faites chaque jour, c'est l'orientation qu'on donne à tout cela. C'est pourquoi il nous faut nous demander ceci :

« est-il encore nécessaire d'expliquer que ce ne sont pas la technologie, la technique, la machine, qui exercent la domination, mais seulement la présence, dans les machines de l'autorité des maîtres, qui en déterminent le nombre, la durée d'existence, le pouvoir et la signification dans la vie des hommes, et qui décident du besoin que l'on a d'elles ? » (H. Marcuse, 1969, p.30).

On peut à ce titre donc penser qu'il est possible qu'une technique puisse être mise en place pour favoriser la liberté, l'épanouissement, la promotion des valeurs et non la domination, l'étouffement, la vulgarisation du quotidien. Ce qui signifie qu'au fond, si l'on modifie les objectifs à atteindre grâce à la technologie disponible, il serait certainement évident que l'on pourrait éviter un certain nombre de catastrophes comme ceux que l'on ne cesse de connaître. Il y a donc ici, matière à réflexion pour la philosophie qui s'interroge de savoir comment le monde peut être aujourd'hui à même de produire la nourriture nécessaire à l'humanité toute entière pendant que l'on constate que des gens meurent pourtant de faim. Pourquoi autant d'argent pour fabriquer ne serait-ce qu'une seule arme quand on sait que cette même somme dépensée peut servir à améliorer le bien-être de milliers de personnes? À quoi cela sert-il aujourd'hui d'utiliser des armes d'une technologie tellement avancée pour montrer sa force à des peuples certainement moins puissants technologiquement, si tout cela doit finir par un dialogue ou une non-rémission de ceux qu'on voulait soumettre ? À quoi riment les découvertes médicales, si les médicaments fabriqués pour des cas de maladies dites rares doivent coûter excessivement chers ? Pourquoi les mass médias qui devraient normalement permettre de savoir ce qu'on ne sait pas, deviennent finalement des moyens pour nous amener à ne savoir que ce qu'ils veulent qu'on sache et cela, en nous abrutissant un peu plus ? Nous nous enfonçons ainsi chaque jour dans un monde qui marche à reculons. Il est inconcevable de laisser la technologie continuer de fonctionner ainsi, si nous voulons d'un monde moins opaque, moins endoctrinant, moins destructeur, plus humain, juste.

Pour la philosophie marcusienne, cet impératif est encore plus urgent, surtout qu'il s'agit ici de chercher, même là où cela paraît impossible, les indices d'une liberté possible. Paradoxalement, pourrions-nous alors, dans une appréciation à lisière de l'espoir, nous étonner que des personnalités de la technoscience soient associées à cette lutte pour une liberté véritable à tous les niveaux ?

Elles sont en effet, avant tout, des intellectuels, des individus capables de voir le pour et le contre des choses. Pour cela, il convient évidemment de savoir apprécier ce que les professionnels de la technoscience peuvent apporter comme changement à la qualité de la vie tout simplement. Leur ingéniosité, leurs actions et leurs décisions sont tout aussi importantes, si nous voulons améliorer l'existence des individus et créer un meilleur cadre de vie naturelle. Il faut par exemple, dans des circonstances pareilles, associer les techniciens, les scientifiques, les ingénieurs, les savants, à la lutte contre la faim, les calamités naturelles, les maladies pour lesquelles on a de la peine à trouver des remèdes, contre les conditions rudimentaires de travail qui existent encore dans certaines parties du monde.

Mais, la qualité de la vie, à laquelle peuvent et doivent participer les personnes du milieu des technosciences, doit consister à aborder des domaines plus qu'importants pour l'épanouissement de l'individu. C'est pourquoi, la technoscience, après avoir abordé tout le côté naturel de la vie des individus, devrait pouvoir se tourner vers les aspects éthiques de l'existence elle-même. Il faut que la technique réfléchisse à présent sur l'importance entre autres, de la liberté, de la préservation de la vie, de la gouvernance des peuples, de l'application de la justice, de l'instruction, de la conservation du patrimoine, de la civilisation et de la culture. Cela est possible. Il faut pour que cela soit, permettre que la technologie puisse atteindre ses objectifs traditionnels d'une quantité de vie bien remplie, pour s'orienter dorénavant vers une qualité de la vie. Ce qui signifie donc, qu'après avoir permis la réduction du travail, la productivité abondante et le temps libre nécessaire pour s'adonner aux loisirs, l'autre défi de la technologie, c'est de faire de la qualité de la vie, de l'existence pacifiée et réellement humaine, son principale souci. Dans le sens où :

« Plus la rationalité technologique se sera libérée de ses caractères d'exploitation, plus elle déterminera la production sociale, plus elle deviendra dépendante d'une nouvelle direction politique-de l'effort collectif pour atteindre à une existence pacifiée, avec les buts que les individus libres peuvent lui proposer » (H. Marcuse, 1968, p.229).

De tels objectifs sont en parfaite harmonie avec la philosophie. Mieux, ils font de ceux qui travaillent dans les sphères de la technoscience, des personnes qui cessent d'être liées dans leurs décisions à celles des laboratoires qui les emploient. Ceux-ci constituent en même temps, des espoirs réels de changement. Ce sont désormais des personnes qui savent que tout ce qu'elles entreprennent doit pouvoir, en priorité, avoir une influence telle que, la vie dans le monde entier en ressente la qualité véritable de ce qui a été découvert. On sort donc du monde du profit, de la domination et de l'endoctrinement pour définitivement s'installer dans celui d'une vie basée sur des valeurs. Il devient évident que dans pareils cas, la base technologique en ressente le changement et que les machines soient dorénavant produites dans ce seul objectif.

C'est peut-être cela que nous sommes en train de constater avec la fabrication de réfrigérateurs dont le gaz ne doit plus constituer une menace pour la couche d'ozone ou d'engins motorisés fonctionnant au biogaz, qui préservent les ressources énergétiques et polluent moins la nature. Dans le même sens, la voie des écologistes est de plus en plus écoutée, en rappelle au fait que nous appartenons tous à un seul et unique monde dont nous en sommes des coresponsables. Ce destin commun fait que ce n'est pas une carte blanche qui est accordée aux techniciens comme on peut le supposer mais bien le fait que toutes leurs actions ne sauraient se faire sans un suivi. Pour la simple raison que :

« Tant que ce groupe sera considéré isolément comme une force révolutionnaire en puissance, il ne sera susceptible que d'une transformation du capitalisme avancé en capitalisme technocratique d'État, mais sûrement pas d'instaurer la société nouvelle que nous entendons ». (H. Marcuse, 1968, p.37). On ne saurait remplacer, une dictature par une dictature, une existence figée par une autre tout aussi cimentée. Ce serait continuer le règne de l'uniformisation en remplaçant le bourgeois par celui des technocrates. Ce serait remplacer le monde du profit par celui du chiffré comme si les êtres humains sont des chiffres. Pourtant la vie n'est pas monocolore. La philosophie ne fait que le rappeler. « La philosophie rompt précisément avec cette perception de la condition humaine. Elle introduit la conviction qu'il existe une hiérarchie entre les besoins de l'homme » (M. Savadogo, 2012, p.22). On ne peut mettre au même niveau l'immédiateté de pseudo-besoins éphémères que ceux des besoins essentiels de survie, d'existence, d'épanouissement. Un plus grand pouvoir implique une plus grande responsabilité. Le pouvoir aux mains des sciences, des techniciens, ne saurait être un pouvoir sans limite. Le résultat serait d'assister à toutes sortes de manipulations possibles.

La philosophie ne saurait se taire devant de telles déformations. Il est donc désormais passé ce temps où la philosophie était injustement considérée comme un discours purement utopiste. Cela en vue de cacher l'irrationalité dans laquelle le monde a été lui-même plongé depuis l'époque moderne et où dans un éblouissement de la technique, l'on a voulu construire un univers sans racine et sans feuillage. La philosophie n'a jamais autant été interpellée devant les difficultés que vit notre monde et surtout devant l'incertitude que présente l'avenir. Elle est mieux placée pour aborder les problèmes dans toutes leurs implications. En plus, elle a pour principe, dans une analyse critique et démonstrative, d'indiquer à chacun d'entre nous, les voies possibles à explorer sans dogmatisme aucun.

À ceux qui voudraient avoir clairement des preuves de ce dont elle est capable, face aux problèmes devant lesquels la technologie se trouve incapable d'apporter des solutions, si ce ne sont celles d'un tâtonnement ou d'une logique de l'absurde ; il nous faut savoir que :

« la tâche la plus noble de la philosophie consiste à opposer la puissance de la réflexion critique radicale à toute forme d'objectivisme, c'est-à-dire à lutter contre l'autonomie idéologique, donc illusoire, dont se prévalent théories et institutions face aux contextes pratiques d'où elles surgissent et où elles s'appliquent » (J. Habermas, 1985, p. 309).

Rien pour la philosophie ne saurait donc être au-dessus de toute existence humaine. En plus, il n'y a pas d'instance suprême qui déciderait de tout et devant laquelle tout devrait par exemple se soumettre. La philosophie prend la peine de tout ramener à l'analyse de la réflexion, d'en voir les principes universels qui la sous-tendent et les capacités de réalisation. Ce qui revient finalement à dire que c'est dans la philosophie que la théorie et la pratique se trouvent renforcées.

1.3. La philosophie comme unité de la théorie et de la pratique

La théorie provient « Du grec theôria, « spectacle, observation de ce spectacle » (à partir de Platon, theôrein, « contempler, considérer »), et krinein, « juger, trancher, décider ».Concept central chez les principaux membres de l'école de Francfort (Horkheimer, Adorno, Marcuse) » (Grand Dictionnaire de la philosophie, 2003, p.2962).

Quant à la pratique, elle tire son étymologie « du grec praktikos, de prattein : « agir ». En allemand : praktische Vernunft » (Grand Dictionnaire de la philosophie, 2003, p.2579). Ces deux entités telles que présentées, semblent ne pas être nécessairement liées. L'un relevant du simple domaine de l'observation et l'autre de l'action.

Dans la philosophie marcusienne, non seulement chacun des domaines s'incruste en l'autre mais en plus, théorie et pratique sont dans la posture du combat continuel afin d'améliorer le monde et la vie de l'homme au centre de cet univers. H. Marcuse (1970, p. 157) peut nous expliquer que :

« L'intérêt de la philosophie à savoir le souci de l'homme, a trouvé sa nouvelle forme dans l'intérêt de la théorie sociale. À côté de cette théorie, il n'y a plus de philosophie (…) L'idéal philosophique, le monde meilleur et l'être vrai, se coïncident avec le but pratique de l'humanité combattante »

En tant qu'amour de la vérité, amour d'une réalité qui ne soit pas masquée, la philosophie a ainsi surtout pour tâche d'être la lumière qui éclaire les zones obscures dans lesquelles le monde est plongé. Dans le but de maintenir en chaque individu et en l'univers tout entier l'espoir en toute occasion. C'est précisément au nom de cet espoir que la philosophie se met du côté de tous ceux qui sont contre les formes d'oppression, de domination dans le monde et qu'elle s'engage dans les actions qui consistent à protéger notre cadre de vie, notre environnement, en dénonçant toute l'emprise dont il est l'objet. La philosophie a donc pour devoir, outre l'espoir qu'elle suscite, de s'engager dans la lutte contre l'endoctrinement médiatique dont le monde est de plus en plus victime à travers le conglomérat des mass médias que dirige la confrérie du monde capitaliste.

Elle s'oppose au cadre de vie qui est constamment récréé et dans lequel l'individu semble, de plus en plus comprimé, la nature, un peu plus dépouillée et les menaces naturelles encore plus nombreuses. La philosophie, en parlant de tout cela, apporte, comme ce monde l'aime tant, les preuves de ce qu'elle constate. Elle constate par exemple que, comme dans une entente parfaite, les chaînes de télévisions, les radios, les journaux, développent presque tous les mêmes titres chaque jour. Un peu comme si on prépare les opinions à ne penser qu'à un certain nombre de sujets essentiellement. Pourtant la vie n'est pas si uniforme comme on veut le faire croire. La réflexion philosophique s'étonne aussi, d'énormes dangers qu'on fait courir à la nature, en détruisant à un rythme vertigineux la faune et la flore, en polluant les eaux et les airs… Elle s'étonne encore plus, quand nous sommes tous victimes de nos propres actions contre la nature dans laquelle nous vivons sans exception. Devant de tels dérapages, la philosophie demeure évidemment du côté de ceux qui, dans l'existence, ont opté pour l'essentiel. Elle est du côté des défenseurs de la nature, des libertés, du droit d'une vie qui mérite d'être réellement vécue. C'est en ce sens que, outre son rôle de prévention, d'interpellation ; elle se tient du côté des mouvements socioprofessionnels, de jeunesses, des femmes, des marginalisés, des sans-emploi, des opprimés du monde entier. Ce qu'elle recherche chez tous ces groupes, c'est le discours universel qu'ils véhiculent et qu'ils traduisent dans leurs actions. Le philosophe, dans une sorte de caution morale, mais surtout dans une implication à vouloir mener à bon port cette lutte, de laquelle nous dépendons tous, essaie tout simplement de jouer sa partition. Celle de ne pas se contenter d'être une réflexion individuelle et contemplative, mais d'être réellement *pratique* et surtout *publique*.

La philosophie devient donc « l'unité de la théorie et de la pratique » (H. Marcuse, 1969, p.141). Elle réalise ainsi le rêve cher à Karl Marx, de voir la société transformée grâce à, ou disons, avec l'apport de la philosophie. Ici, les choses semblent encore plus garantir l'optimisme qu'un tel pari puisse susciter. Il ne s'agit plus de voir seulement la société sous le prisme du monde du travail mais bien dans tous ses compartiments afin de l'accompagner comme il se doit. C'est ainsi qu'on pourra comprendre que :

« Dire que la philosophie est contemporaine d'une existence concrète signifie qu'elle doit se soucier des combats et des besoins très concrets de cette existence, qu'elle doit prendre « le même » souci de sa vie, qui existe de telle manière et non autrement » (H. Marcuse, 1969, p. 150).

Le philosophe prouverait ainsi son engagement. C'est bien pourquoi elle n'a pas le droit d'ignorer tout ce qui se déroule autour d'elle dans la société, les efforts qui sont menés par tous ceux qui réclament un peu de liberté et de bien-être. Pour mieux apprécier le fil conducteur de l'intervention philosophique dans le monde, il serait certainement convenable de connaître les matériaux dont elle se sert. Le bénéfice d'une telle compréhension c'est de permettre à tout le monde d'être situé sur la même longueur d'onde et de savoir ainsi, vers quels horizons nous nous engageons. Nous saisirons mieux, de la sorte, tous les avantages liés à un tel cheminement, à l'exemple de ce que nous permet d'apprécier la *Théorie Critique* marcusienne.

2. LA THÉORIE CRITIQUE MARCUSIENNE

L'outil principal dont se sert Marcuse, et avec lui, la plupart des philosophes de l'Ecole de Francfort, c'est la *"Théorie Critique"*. Avant d'apprécier la valeur de la Théorie Critique marcusienne, il nous faut essayer d'apprécier déjà comment celle-ci est perçue chez des auteurs tout aussi représentatifs de cette École, en l'occurrence Horkheimer et Habermas, deux véritables figures de ce courant de pensée.

2.1. Définition générale de la Théorie Critique chez Horkheimer et Habermas

La référence à la Théorie Critique est essentielle pour Marcuse comme elle l'est d'ailleurs pour toute l'École de Francfort. Tout simplement parce que sans la Théorie Critique, c'est un peu comme si l'on s'engageait sur une voie dont on ne connaît pas, non seulement l'issue, mais qu'en plus, dont on ne connaît ni les embûches ni les surprises qu'elle pourrait nous réserver. Disons que sans la Théorie Critique, nous nous engagerions comme pourrait le dire Heidegger sur des *"chemins qui ne mènent nulle part''*. Pire, c'est un peu comme si nous avons pris la décision de réfléchir dans le vide, de réfléchir sans méthode. Violant ainsi un sacerdoce cher à un auteur comme Descartes qui nous recommande, en toute réflexion, de faire prioritairement preuve de méthode. Ainsi, on peut déjà retenir que se servir de la Théorie Critique, c'est savoir au moins, ce dans quoi nous nous engageons. C'est d'avoir une idée claire. Il s'agit d'analyser préalablement le centre d'intérêt sur lequel nous avons pris la décision de porter notre réflexion avant toute forme d'appréciation. C'est aussi, évoluer avec un certain nombre de principes qui devraient nous permettre de faire face à des situations qui pourraient advenir. Disons que, c'est nous appuyer sur des prédispositions afin de ne pas être surpris mais de savoir surtout marcher avec certitude.

Ces préalables qui demeurent importants ne suffisent pas pour autant, si nous voulons définir la Théorie Critique, à laquelle nous convient les membres de l'École de Francfort. En référence à deux d'entre eux, à savoir Horkheimer et Habermas, le premier parce que représentant un des membres fondateurs de l'École et le second parce que pouvant être perçu comme étant celui qui représente une autre forme d'appréciation des réflexions de l'Institut, nous pouvons dire que la Théorie Critique se donne à voir avec plus d'engagement et d'objectivité.

«Dans les textes fondateurs de l'École de Francfort, Horkheimer définit la critique comme la « propriété essentielle de la théorie dialectique de la société », comme la seule alternative à la pratique dominante d'une science à la fois aveugle sur elle-même, sur son environnement historique et sur ses effets sociaux ... » (Y. Cusset et S. Haber, 2002, p.15).

La science dont la critique est faite ici, concerne à la fois, la raison qui est devenue depuis "*les Lumières*", de plus en plus obscure et qui se mue en raison instrumentale, ramenant tout au calcul, au profit, à la domination matérielle, à la force. Son pendant est le capitalisme qui ne cesse de conforter ses assises sur l'univers entier, sur les individus et sur la nature. Sa capacité est telle qu'elle a fini par endiguer toute opposition pour se donner l'image de la seule voie possible. Les quelques contestations qui pourraient se faire, sont très vite étouffées grâce à ses moyens d'endoctrinement, de manipulation, d'écrasement. Comme première alternative, M. Horkheimer (1974, p. 38) pense déjà que :

« L'homme peut prendre pour objet la société elle-même. Cette attitude ne vise pas simplement à éliminer certains défauts de la société (...) ; ils lui apparaissent bien plutôt comme liés de façon nécessaire à toute l'organisation de l'édifice sociale. Bien qu'elle soit elle-même un produit de la structure sociale, elle n'a pas pour intention consciente ni pour effet objectif d'améliorer en quoi que ce soit le fonctionnement de cette structure ».

La structure sociale forme en elle-même un tout et doit être appréhendée dans son aspect global. Une vision qui diffère d'ailleurs de la critique ancienne où l'on semble percevoir essentiellement deux entités qui s'opposent. L'on constate que c'est la seule et unique raison instrumentale qui se déploie. Elle s'arroge tout. Ce qu'il faut combattre dans tous les compartiments si nous voulons goûter aux délices de l'autonomie et de la liberté.

Habermas s'inscrit lui aussi dans la Théorie Critique. Avec lui cependant, la réflexion ne s'arrête pas à l'analyse, à la dénonciation ou à une certaine proposition de principes à adopter ; mais à la mise en place d'une Théorie Critique qui épouse à la fois une *démarche procédurale* et qui en plus, privilégie la communication sur tout sujet donné. On dit à propos de la Théorie Critique habermassienne, qu'elle s'écarte d'une certaine façon de celle soutenue jusqu'alors par la plupart des membres de l'École de Francfort, pour finalement se présenter comme une *"éthique de la communication"*.

Pour revenir à la pensée que J. Habermas (1985, p. 309) a de la Théorie Critique, il faut savoir qu'il soutient lui-même que :

«La réflexion critique attaque de front l'absolutisme de la philosophie de l'origine et de la théorie pure, la compréhension scientiste que peuvent avoir d'elles-mêmes les sciences, ainsi que la conscience technocratique d'un système politique coupé de ses enracinements pratiques ».

Ce qui signifie que, malgré ses bonnes intentions, la philosophie ne saurait se constituer l'unique source décisionnelle de toute action. Même si la science n'est pas elle aussi la voie royale à retenir. Pour Habermas, en effet, ni la philosophie, ni les sciences seules, ne sont compétentes dans leurs domaines respectifs tant qu'elles n'adoptent pas une démarche qui soit à la fois basée sur des données universelles, qui puissent allier raison théorique et raison pratique, et qui puissent surtout admettre une démarche procédurale dans laquelle la priorité revient à la discussion sur les questions d'intérêt général. J. Habermas (1985, 309) peut à juste titre soutenir que : « cette réflexion critique est l'instance où s'élabore l'unité de la raison théorique et raison pratique. Elle est le seul élément au sein duquel aujourd'hui l'identité de la société et de ses membres peut encore se former… ». Il importe donc pour Habermas, que toute intervention dans la société, ne se fasse pas de façon extérieure, mais qu'elle implique en priorité, les membres qui la compose sur toute action à mener ou toute décision à prendre.

On ne pourrait pas ainsi dire que les choses ont été imposées aux individus, mais que c'est dans une sorte d'intersubjectivité que la société aura décidé de s'engager dans la voie qu'elle aura elle-même choisi. Ce qui serait évidemment source d'échange et de responsabilité commune. L'on voit donc, à travers ces deux exemples, toute l'importance que revêt la Théorie Critique. Cela l'est encore plus avec Marcuse, qui permet d'ailleurs d'en saisir une autre portée.

2.2. La particularité de la Théorie Critique marcusienne

Avec Marcuse, la Théorie Critique devient véritablement incontournable si l'on veut faire preuve d'une réflexion qui embrasserait entièrement la marche du monde dans toutes ses représentations. Il ne s'agit plus ici de s'appesantir sur quelques points uniquement de la vie en société, mais de s'intéresser à l'évolution historique dans laquelle s'est, depuis longtemps, engagé l'univers et le tournant que la technologie a fini par lui imposer.

La Théorie Critique marcusienne est, si nous voulons en avoir une idée beaucoup plus précise, absolument inséparable du nœud tissé par la technologie et des moyens à mettre en place pour s'en défaire. La place prépondérante de la Théorie Critique dans la pensée de Marcuse se laisse d'ailleurs percevoir d'une certaine façon par l'évocation des titres d'une partie de ses ouvrages tels *Critique de la tolérance pure (1969) Pour une théorie critique de la société (1971), L'ontologie de Hegel et la théorie de l'historicité (1972), Actuels : Échecs de la nouvelle gauche, Marxisme et féminisme, Théorie et pratique (1976), La dimension esthétique, pour une théorie critique de l'esthétique marxiste (1977).*

Dans chacun de ces ouvrages, la Théorie Critique conserve toute sa place, tout comme dans l'ensemble de la réflexion marcusienne. La nécessité de la naissance de la Théorie Critique s'explique ici par une appréciation des réalités telles qu'elles sont advenues, telles qu'elles se manifestent et telles qu'elles peuvent changer.

Au contraire certainement de Habermas, Marcuse ne croit pas que ce soit le moment propice, pendant lequel nous nous trouvons dans une crise de l'orientation du monde due à une trop grande responsabilité accordée à la domination technologique, qu'il faille diminuer le poids de la philosophie en l'obligeant à s'adapter à un certain nombre de conciliabules. En même temps, l'auteur peut sans doute être d'accord, que les choix de la philosophie sur les problèmes que vivent nos sociétés n'ont peut-être pas toujours été judicieux. Surtout, si elle n'a fait que baigner dans une appréciation purement conceptuelle des choses et qu'elle en est restée seulement là. Dans ce cas, la philosophie n'aura qu'à s'en prendre à elle-même sur la déconsidération qu'elle a favorisé de la part de l'opinion. Toutes choses qui ont entraîné bien évidemment, un dérapage plus grand dans la gestion que la technologie grandissante et envahissante, a fait de ce monde.

Au-delà des critiques qui peuvent être faites à l'encontre de la philosophie, Marcuse ne désespère pas moins de savoir que sans elle, particulièrement, les situations conflictuelles, abusives et de domination ne seraient pas prêtes de cesser. La logique normale dans un tel cas, serait de voir la liberté, l'humanisme et la préservation de la nature constamment remis à plus tard. C'est «(...) un raisonnement extrêmement dangereux de prétendre qu'aujourd'hui on ne peut plus opérer avec des arguments humanitaires» (H. Marcuse, 1968, p.58). Une telle réflexion serait tout à fait paradoxale, alors que nous vivons dans une société d'humains. En plus, personne, aucun État, n'est à l'abri de catastrophes de quelques natures qui soient. Il ne faut pas aussi ignorer que parler déjà d'humanisme, c'est aborder un ensemble de thèmes dans lesquels nous sommes tous concernés. C'est se rendre à l'évidence qu'autant les terres, les airs et les mers sont liés, autant les histoires des individus, la vie des plantes et des animaux, ne sont jamais totalement et entièrement séparées. Ne pas se sentir concerné par les répressions qui s'abattent sur des peuples, dans des confins, que nous pourrions considérer comme étant éloignés des nôtres, serait une grosse erreur qui ne pourrait que nous être préjudiciable, d'une manière ou d'une autre. Pour la simple raison qu'à deux niveaux au moins, nous nous sentons en effet, interpellés. Soit parce que nous sommes devenus complices, sans implication directe mais implication tout de même, liée à notre mutisme. Soit parce que notre silence est une caution qui voudrait dire que nous acceptons que le massacre qui se passe ailleurs puisse se dérouler partout y compris là où nous sommes. C'est face à de telles situations que nous percevons une fois de plus l'importance de la philosophie et la place qui lui est accordée dans la Théorie Critique. Parce que dans le fond, c'est la Théorie Critique, membrane par excellence de cette philosophie qui se sent interpellée par tout ce qui touche à l'évolution du monde, qui devrait pouvoir être ici constamment en œuvre. La philosophie ne saurait faire l'économie des questions d'ordres essentiels. A fortiori, la Théorie Critique qui a fait de l'analyse de tout sujet et de la sortie de toute situation difficile sa priorité. C'est en ce sens donc, parce que se voulant une philosophie de la réalité, une philosophie pratique, qui embrasse à la fois la théorie et la pratique que, Marcuse critique l'orientation faite par Kant de la philosophie, en en faisant une réflexion transcendantale à priori. À ce propos H. Marcuse (1969, p.14) s'interroge en ces termes : « comment la philosophie transcendantale parvient-elle à fonder l'expérience sociale ? », Marcuse pose ainsi la problématique du réel engagement de cette philosophie dans la réalité qu'elle est censée exprimer. Ce qu'il semble constater et qui semble être aux antipodes de sa vision de la pratique philosophique, c'est que la réalité sociale et historique paraît être enkystée par les principes transcendantaux de cette philosophie. Ce qui fait que la dynamique qui devrait être en œuvre pour changer les choses positivement semble ne pas forcement être à portée. Il aurait été pourtant bien nécessaire de voir des matériaux théoriques introduits dans la réalité sociale afin d'espérer de meilleures garanties pour la liberté.

« Or, partout où la philosophie kantienne explore le social comme objet *en le ramenant à ses principes,* cette investigation est entièrement tributaire de la méthode transcendantale (…) ceci signifie que non seulement l'expérience sociale est fondée sur une rationalité apriorique, formelle, comme l'expérience théorique, mais que le social est lui aussi soumis à une épuration transcendantale, que sa « réalité » est exclue » (H. Marcuse, 1969, pp.14-15).

Pourtant, c'est dans la réalité que tout doit s'accomplir. Tout comme rien ne saurait être mené au bénéfice de celle-ci, si elle n'est pas prioritairement considérée comme étant la manifestation de l'existence concrète. Pour la Théorie Critique, l'existence concrète ne saurait, en aucun cas être mise entre parenthèse. C'est telle que l'existence concrète se présente que nous pouvons nous interroger sur les péripéties de son avènement, voir les mouvements qu'il faut accompagner pour son changement. Il nous faut dans ce cas comprendre que « toute vraie activité philosophique n'en reste pas à la connaissance, mais s'efforce, en développant la connaissance de la vérité, de faire en sorte que l'existence humaine s'approprie celle-ci » (H. Marcuse, 1969, p.125). En faisant corps avec l'existence humaine, la vérité philosophique prouve qu'elle n'est pas, non seulement quelque chose de totalement détachée du quotidien mais qu'en plus, elle représente pour celui-ci, une sorte de source vivifiante. Cela nous donne évidemment, une idée de la philosophie et de son engagement, de sa théorie et de sa pratique.

2.3. Les moyens de la Théorie Critique

Pour la Théorie Critique, que vaut une révolution si elle ne sait pas clairement où elle va ? Quels sont les moyens dont elle dispose ? Quelles sont ses forces et ses faiblesses ? Parce qu'il est tout à fait «(…) insensé de croire que la puissance du capitalisme, si hautement organisée et concentrée, peut être combattue en faisant l'économie d'une contre organisation » (H. Marcuse, 1976, p.83). Autant nous cherchons à combattre le capitalisme, autant il nous faut savoir qu'il va non seulement résister, mais qu'en plus, il a énormément de moyens pour lui aussi engager le combat.

Le rôle de la Théorie Critique dans ce cas, c'est de faire l'inventaire de l'action de libération qui est menée. Il s'agit de voir les forces et faiblesses dont on dispose pour mener la lutte et les voies à emprunter pour atteindre les objectifs visés. C'est en ce sens qu'il est du devoir de la Théorie Critique d'être du côté de toutes les forces de subversions, de toutes les formes de pensée pouvant permettre une évolution à la dimension des aspirations d'un monde d'espoir et de préservation des beautés de la nature. La philosophie critique constitue ainsi, un fervent soutien dans la lutte de reconnaissance des jeunes, des femmes, dans la réclamation que les minorités raciales, les chômeurs, les sans-emploi, les exclus des différents systèmes, exigent, en ce qui concerne leur droit à l'existence et à la dignité humaine. Parce qu'elle veut mettre tous les atouts de son côté, la philosophie critique ne croit pas en la possibilité du rétablissement la justice, en la création d'un monde plus fraternel en excluant d'avance certaines couches ou même certains acteurs clés du système de domination. Cela créerait plus d'injustice et de division.

Dans ce nouvel esprit, la philosophie tend la main aux savants, aux scientifiques et aux ingénieurs qui ont pourtant bâti ce monde considéré comme étant celui de la terreur. Elle croit que leurs connaissances peuvent aussi servir à créer la quiétude et l'apaisement. Toujours dans cette même veine, le capitalisme, dont les actions entraînent bien souvent plus de conflits, plus de périls pour son capital, peut tout à fait se sentir interpellé à changer de stratégie s'il veut continuer à exister, même sous une forme moins contraignante. Il n'est pas de l'avantage du système de profit de continuer à fonctionner tel qu'il le fait s'il ne veut pas être continuellement attaqué ou s'il ne veut pas, par ses propres actions, créer la tombe qui sans aucun doute finira par l'engloutir

Avec les différentes crises financières, sociales ou militaires qui secouent constamment le monde, on est sûr d'une seule chose : on n'est jamais totalement rassuré de maintenir ses bases, si celles-ci sont en priorité établies sur des principes de profit et d'une société de consommation. À ce niveau aussi, la Théorie Critique a son mot à dire. Elle a surtout à montrer les voies dont il faut s'écarter car conduisant inéluctablement vers la déroute et un plus grand nombre de souffrances. Elle a donc, avant toute chose : «(...) à diagnostiquer le désordre général » (H. Marcuse, 1963, p. 19). C'est seulement après cela que la lutte peut s'engager pour un monde meilleur. Pour un monde où la jeunesse ne se retrouve pas devant une existence faite d'angoisses. Un monde où les femmes ne sont pas considérées comme une sous-classe. Une société où une catégorie de personnes n'est pas exclue de certains droits. Un monde de la connaissance où des intellectuels ne sont pas pris en otage par un pouvoir qui veut perpétuer sa domination. Un univers où la nature n'est pas seulement une source d'exploitation et d'asservissement mais un allié.

C'est contre tous cela que la Théorie Critique s'insurge. Ne nous trompons pas. Face à la violence de la société industrielle établie, son combat à elle demeure en priorité une violence de l'argumentation, de la démonstration et des stratégies pacifiques de luttes pour agrandir de plus en plus les fissures de la société de domination. Ceci nous amène à dire que :

« quels que soient les arguments avec lesquels on peut justifier rationnellement l'emploi de moyens révolutionnaires en liaison avec les chances existantes de conquérir la liberté et le bonheur pour des générations à venir au prix d'une violation des droits et des libertés établis, et même de la vie, il y a des formes de violence et de la coercition qui ne peuvent être justifiées par aucune situation révolutionnaire parce qu'elles sont une négation de la fin pour laquelle la révolution est un moyen » (H. Marcuse, 1963, p.19).

Au nom donc de la liberté, tout n'est pas permis. La violence aveugle, la destruction de certains biens, sans nécessité aucune, le meurtre d'innocentes personnes, le pillage des biens de particuliers, la destruction massive de la flore ou de la faune sont à proscrire. S'inscrire dans de telles pratiques et vouloir argumenter qu'on lutte pour la liberté ou quelques droits que ce soit, c'est sans aucun doute faire preuve d'une grande ignorance de ce que ces principes signifient ou c'est plutôt pour nous, une façon de satisfaire les appétits du monstre qui sommeille en nous. Il n'est nul besoin de faire du mal quand on dit vouloir rechercher le bien. Cela n'a aucun sens. C'est pourquoi dans la pratique de la Théorie Critique, il existe un principe qui consiste à admettre en toute action qui est menée, le respect scrupuleux des règles de l'universalisme, de l'humanisme, du rassemblement, de la fraternité et de l'épanouissement. Dans un tel élan, il reste convaincu que la Théorie Critique peut donner à voir les possibilités d'un monde qui ne soit pas celui du rendement, du profit, de l'endoctrinement, de la soumission… Le pas à faire pour quelque chose qui ne soit pas pire que ce qui existe en ce moment est déjà un risque à prendre. Il est en effet temps, de briser la barrière du conservatisme pour s'élancer, non dans l'inconnu mais dans un nouveau monde que nous aurons pris le temps de penser, en y extirpant au maximum toutes les tendances de l'enfermement et de l'exploitation. Lorsqu'on aura atteint cet objectif, c'est qu'on a concrètement, quelque chose à proposer.

3. LES PROPOSITIONS DE LA THÉORIE CRITIQUE

Face au constat de ce que la société technologique de domination a fait de la politique mondiale, la philosophie qui s'est toujours donnée le devoir de ne pas se contenter de présenter les faits, s'est aussi fixée pour principes de donner à voir, toutes les voies possibles d'une véritable libération. Pour atteindre un tel objectif, une Théorie Critique, lui est absolument indispensable. Celle-ci, a cette particularité de lier à la fois Théorie et Pratique, afin qu'il n'y ait pas dans l'existence concrète autant de dysfonctionnements comme quand l'on croit que la matérialité et le pouvoir peuvent tout imposer et ou suggérer. C'est pourquoi, il nous faut connaître les conditions à réaliser pour atteindre cette existence que nous réclamons.

Le philosophe n'est pas un médecin ni un scientifique de quelques autres spécialités. Il n'aborde donc pas les questions que l'humanité se pose en proposant d'avance un certain nombre de solutions toutes faites ou des remèdes prêts à être utilisés pour guérir quelques maux donnés. La Théorie Critique, encore plus, ne saurait être perçue ainsi. Elle se veut avant tout, une possibilité d'accompagnement de toutes les réflexions et de toutes les actions vers des horizons plus rassurants, plus heureux. Plutôt que comme une autre occasion de vouloir imposer un autre mode de vie. Il ne s'agit donc pas comme on le perçoit certainement de reproduire la domination technicienne d'un monde standardisé qui existe déjà. Mais de briser le couvercle de l'enferment qui a jusqu'alors été solidement maintenu. C'est donc un monde nouveau que la Théorie Critique veut construire avec chacune des entités représentatives de l'univers. Pour cela il nous faut au moins savoir ce qu'on veut et comment faire pour y arriver. Si nous voulons, l'une des opportunités énormes que nous offre la Théorie Critique, c'est celle qui consiste à penser et à se donner les moyens de réaliser nos rêves.

Il s'agit en effet, de rêver le monde que nous voulons voir advenir, de l'imaginer, de le construire en tenant compte des nombreuses possibilités qui nous sont offertes et en nous donnant les moyens de ne plus répéter les erreurs et injustices qui ont jalonné son parcours. En terme donc d'actions que se propose d'initier la Théorie Critique, figure en bonne place, celle qui consiste à voir d'abord dans l'avènement d'une société nouvelle, comment extirper toutes les formes incongrues, contradictoires, injustifiées, injustes et ou inadmissibles, que traîne la société technologique établie. Il ne saurait donc être possible qu'un nouveau monde soit construit, que nous nous attelions à souhaiter une meilleure existence, tout en traînant avec nous les incongruités du monde précédent.

En termes de situations qui pourraient être considérées comme étant inacceptables et que traîne la société industrielle établie, figure pour chaque secteur donné, des réalités que cette société peut, grâce à ses moyens, surmonter. Mais qui continuent hélas de perdurer. Il est tout à fait inacceptable par exemple, qu'alors qu'il existe suffisamment de quoi nourrir la planète toute entière que l'on continue pourtant de mourir de faim. On n'arrive pas à comprendre que tant de moyens financiers soient dépensées pour acheter des armes dont le seul objectif est de détruire des vies humaines alors qu'on chante partout la paix. Très peu de travailleurs affirment être heureux de leurs rémunérations, mais rares sont les patrons qui se plaignent de ce qu'ils touchent. Quoique ce ne soit pas forcément ces derniers qui travaillent le plus.

La démocratie est constamment chantée comme étant le meilleur système politique car elle permettrait à toutes les tendances de s'exprimer mais dans le fond, c'est généralement presque toujours deux partis, souvent les mêmes, qui mènent la bataille finale. On dit y prendre en compte toutes les aspirations des populations mais ce sont plutôt des programmes déjà établis qui sont exécutés et on constate à peine, que quelque chose à vraiment changé. Tout le monde se plaint de ce que la pollution soit grandissante mais on ne voit pas les effets d'un programme mondial qui serait mis en place, qui serait automatiquement exécuté et qui protégerait l'univers. La conséquence, c'est qu'il fait de plus en plus chaud, selon notre situation géographique. Les mers augmentent chaque jour avec la fonte des glaces. Les pays les plus puissants du monde, les États-Unis, la Chine et la Russie considérés aussi comme étant les plus grands pollueurs, tardent à prendre un engagement clair pour ne pas nous conduire à la catastrophe.

La justice semble de plus en plus injuste. À preuve, les États industriellement moins avancés dénoncent constamment, une justice internationale à double vitesse à leur encontre. Les démunis de toutes les nations sont beaucoup plus convaincus que les procès sont souvent menés à leur désavantage. Les États industriels établis semblent avoir le monopole d'arrêter la marche des autres, de les juger et de les condamner mais il est rare que ce soit autrement ou même que les États moins avancés technologiquement aient le droit de simplement porter un jugement de valeur. L'éducation, la connaissance, sont considérées comme étant absolument indispensables pour l'évolution de la nation, mais la majorité de ceux qui se trouvent dans le système éducatif ont de plus en plus le sentiment que l'on considère peu, tout l'effort qu'ils fournissent, tant leurs conditions de travail sont chaque jours difficiles et leurs rendements mal rémunérés.

Le pire, est que les étudiants qui vont sur le marché de l'emploi, comme on pourrait aussi dire le marché du bétail, n'ont pas les mêmes chances. Certaines formations sont privilégiées, d'autres pas. On remarque bien que là où on pourrait être sujet à trop critiquer, la société industrielle établie n'est pas toujours enchantée d'entretenir une réelle et totale collaboration. Il reste vraiment à savoir ce que tout cela a pu nous apporter si ce ne sont des guerres, des actes de terrorismes, des maladies de plus en plus incurables. Une dégradation de la morale. L'espérance de vie qui ne cesse de diminuer dans des pays industriellement moins avancés. Un système politique qui semble perdre tout repère. Les crises financières qui se succèdent. Une jeunesse de plus en plus désemparée et chez qui grondent la colère et la violence. Une société incapable de changer de cap et surtout d'imaginer.

C'est pourquoi, il faut que « l'homme se libère de sa situation d'être asservi par la finalité du tout en apprenant à faire de la finalité, à organiser un tout finalisé qu'il juge et apprécie, pour n'avoir pas à subir passivement une intégration de fait » (G. Simondon, 1951, p.151). Il n'y a pas un déterminisme vers lequel nous serions d'avance orientés. C'est l'individu lui-même qui construit son avenir et lui donne un sens. Dans ce cas alors, c'est pour la Théorie Critique, tout à fait un devoir, comme au temps de Socrate, de ne pas se taire sur toutes les déviations, les désarticulations dans laquelle la société toute entière est empêtrée. Il s'agit ici en priorité de s'attaquer aux maux de la société technologique établie. Elle, dont la mauvaise influence contamine le monde entier.

En guérissant la société industrielle établie, de la stagnation dans laquelle elle plonge de nombreux secteurs d'activités ; c'est en fait le monde tout entier qu'on guérit. L'une des premières tâches de la Théorie Critique, c'est d'agir conformément à la *praxis* qui constitue son essence de déploiement dans le sens d'un combat qui devrait déjà commencer par épurer le monde technologique des immondices qu'il produit chaque jour. Cela passe par des dénonciations très explicites mais aussi par des luttes aux côtés de toutes les forces qui ont encore en elle la capacité d'exprimer le *"Grand Refus''*.

3.1. L'avènement du Grand Refus

Il est absolument temps que nous ne soyons plus dans une situation où : « on croit mourir pour la Classe, on meurt pour les gens du Parti. On croit mourir pour la Patrie, on meurt pour les Industriels. On croit mourir pour la Liberté des personnes, on meurt pour la Liberté des dividendes. On croit mourir pour le Prolétariat, on meurt pour sa Bureaucratie. On croit mourir sur l'ordre d'un État, on meurt pour l'argent qui le tient. On croit mourir pour une nation, on meurt pour les bandits qui la bâillonnent » (F. Perroux, 1958, p. 631).

Il ne faut donc plus se laisser entraîner dans des combats, dans des engagements qui ne sont pas les nôtres. Il s'agit de refuser de telles donnes qui maintiennent le flou et l'opacité dans une existence qui a pourtant besoin de s'épanouir. *Le Grand Refus* que prône Marcuse, consiste à rejeter d'avance toutes ces pratiques qui maintiennent la misère au lieu de l'éradiquer. Ces pratiques qui disloquent les familles au lieu de les réunir. Ces décisions qui justifient l'usage démesuré de la force au lieu de les dénoncer. Cette incongruité qui tolère la dépense de sommes considérables pour conquérir l'espace alors qu'on n'a pas fini d'aider la terre à bien se porter. Il est temps de dire qu'on ne peut pas continué d'assister que l'on conduise toute une population à l'abattoir, tout en lui faisant croire qu'on veut garantir son bonheur.

Le nombre de pauvre ne cesse d'augmenter parce qu'on a laissé croire qu'un système qui garantirait la libre entreprise était à même d'accorder les mêmes chances à tout le monde. La réalité est que tout le monde ne part pas avec les mêmes atouts, parce que, soit l'outil de production appartient à une catégorie de personnes bien identifiées ou tout simplement parce que les mécanismes de profit n'ont jamais cessé de desserrer leur étau. Les conditions d'existence dans les sociétés industrielles établies sont toujours injustes, avec leur rythme infernal de travail. Les salaires sont justes suffisants pour que la majorité des travailleurs ne s'offrent que le juste minimum pour toujours continuer de travailler. Les prélèvements de toutes sortes sont faits sur les revenus avec la pression qui les accompagnent.

Tout cela fini constamment par créer des tensions, à n'en point finir dans de nombreux foyers. Le résultat, c'est la horde des sans domiciles fixes, des chômeurs, des divorces à répétition, des enfants qui sont dans les rues ou placés dans des foyers. Des personnes âgées qu'on fait vite de mettre en maison de retraite. L'on assiste à une augmentation du taux de suicides, de drogués, des prisons qui accueillent chaque fois du monde, des meurtres en série...Tout cela devient une banalité. La violence étatique trouve toujours les moyens de se justifier, même quand elle est démesurée, contre des minorités raciales aux États-Unis (Noirs, Hispaniques, musulmans...), des étudiants (à Tiananmen, en Grèce, en France, en Russie...) ou contre des pays plus faibles technologiquement.

« Le drame des opprimés est tragiquement retenu dans les liens de la violence légale (...) de l'État institué » comme le note Y. E. Kouassi (2014, p. 153). L'opinion nationale est à cette occasion manipulée grâce des médias aux mains des mêmes puissances. D'énormes moyens, humains, matériels, financiers sont réunis pour conquérir l'espace quand la misère tout autour de nous semble peu émouvoir et mobiliser autant d'énergie. Même si on reconnaît que :

« Les découvertes et les améliorations techniques indéniables qui découlent de la conquête de l'espace doivent être évaluées en fonction de certaines priorités : la possibilité de séjourner dans l'espace (et peut-être même d'y vivre) devrait être moins pressante que la suppression sur la terre des conditions de vie insupportables » (H. Marcuse, 1970, p.333).

Les avantages que l'on pourrait tirer, en termes de recherches dans l'espace existent certainement. Cela ne constitue aucunement une raison valable pour fermer les yeux sur des réalités d'existences pénibles, qui demeurent pourtant nos quotidiens. Autant l'on montre un intérêt pour le ciel, on devrait montrer logiquement ce même intérêt pour la terre sur laquelle nous vivons en priorité. Cela ne se constate malheureusement pas. Ce qui est inacceptable et la philosophie se doit de ne pas l'accepter. C'est pourquoi, elle se met du côté des forces subversives, des forces antagoniques. Elle leur apporte le caractère radical du discours. Un discours qui n'est pas dans le sens de tout détruire, de se comporter en anarchiste mais de montrer la nécessité de ne plus accepter d'être les complices d'une situation mondiale que le profit et la globalisation de sa gestion ne vont que rendre de plus en plus pénible et asphyxiante. C'est pourquoi :

« Il y une raison que nous n'accepterons plus, il y a une apparence de sagesse qui nous fait horreur, il y a une offre d'accord et de conciliation que nous n'entendrons pas. Une rupture s'est produite. Nous avons été ramenés à cette franchise qui ne tolère plus la complicité » (M. Blanchot, N°2).

Contre cette exploitation, des manifestations sont organisées. Les contestations contre l'ordre du désordre mondialisé afin de mieux piller et s'enrichir sur le dos de la majorité exploitée, sont saluées par Marcuse. Il s'agit de refuser toute forme de compromission face à la domination rationnelle. H. Marcuse (1969, p.11-12) peut en ce sens affirmer à l'endroit de tous ceux qui mènent cette lutte de libération que :

« En proclamant la *contestation permanente* [...] le Grand Refus, ils ont dénoncé l'empreinte de la répression sociale jusque dans les expressions les plus sublimes de la culture traditionnelle, jusque dans les plus spectaculaires réalisations du progrès technique. Ils ont de nouveau dressé un spectre (qui cette fois ne hante pas seulement la bourgeoisie, mais toutes les bureaucraties d'exploitation) : le spectre d'une révolution qui tient pour secondaires le développement des forces productives et la croissance du niveau de vie, s'attachant avant tout à la création d'une solidarité réelle de l'espèce humaine, à l'élimination de la pauvreté et de la misère au-delà de toute frontière nationale et de toute zone d'intérêt, à la construction de la paix. En un mot, ils ont dégagé l'idée de la révolution du continuum répressif où elle restait enfermée, pour la replacer dans sa dimension véritable : celle de la libération »

L'exigence de cette libération explique pourquoi la Théorie Critique ne saurait rester insensible face à toute cette mascarade qui se déroule sous nos yeux. Elle ne peut en ce sens mettre en veilleuse la pensée éclairante qu'elle est censée traduire en acte. Elle refuse cela, c'est en son honneur et à celui de toutes les masses souffrantes. Il ne suffit plus de lancer l'appel à l'union de tous ceux qui vivent le martyr, il faut les accompagner. « Toute vraie activité philosophique n'en reste pas à la connaissance, mais s'efforce, en développant la connaissance de la vérité, de faire en sorte que l'existence humaine s'approprie celle-ci » (H. Marcuse, 1969, p.125). L'une des erreurs qu'on fait le plus souvent, c'est de faire admettre que la pensée philosophique est d'une hauteur telle que ceux vers laquelle elle est pourtant mise en œuvre ne seraient pas à même de s'en accaparer et d'en faire leur. Si cela devrait être le cas, l'on se demanderait bien à quoi servirait la nécessité de philosopher. La réalité est que la réflexion critique ne saurait être une affaire privée mais publique.

3.2. Quand la philosophie unifie la lutte

Autant la philosophie décèle les contradictions et les abus dont fait preuve la société industrielle établie, autant elle partage ses analyses avec toutes les couches engagées dans la dureté de la vie quotidienne. Cela, afin de réunir tous les fronts et engager ensemble le combat de la sensibilité nouvelle. Par exemple, en ce qui concerne la *"Nouvelle Gauche"* qui se forme dans les sociétés industrielles établies et dont on retrouve les activités plus particulièrement aux États-Unis, dans des communautés raciales, chez des groupes d'étudiants, d'universitaires ou des mouvements de hippies (mais aussi depuis quelques années en Europe et en Afrique, avec fort heureusement une théorie beaucoup plus élaborée)[5] ; il est à déplorer que leurs actions d'opposition à la société capitaliste de domination finissent par tourner en une sorte de sectarisme. Ce que cela finit par donner, c'est une direction et une base avec des objectifs qui diffèrent finalement. Puisque les choses prennent la tournure

[5] Nous faisons ici références à des mouvements tels ceux des Indignés en Espagne, Syriza en Grèce, Le Balai Citoyen au Burkina-Faso, les jeunes patriotes en Côte d'Ivoire ou le Y'en a marre au Sénégal et en RDC

d'ordre à exécuter. Toutes choses qui, on s'en doute, ne peuvent qu'affaiblir le mouvement de la contestation et renforcer par la même occasion l'emprise du capitalisme. Le résultat est que :

« « Les contre-cultures » créées par la nouvelle gauche perdirent leur impact politique et se détruisirent elles-mêmes en revenant à une sorte de « libération » individuelle (la drogue, le culte du gourou et autres sectes pseudo-religieuses), en professant un anti-autoritarisme abstrait doublé de mépris pour la théorie en tant que guide de la pratique ; en ritualisant et en fétichisant le marxisme» (H. Marcuse, 1976, p.19).

Ces attitudes sont certainement celles que l'on a pu, d'une certaine façon, retrouver aussi dans bien de formations politiques qui prônent le socialisme ou le marxisme, en Europe, en Asie, en Afrique, en Amérique latine et qui sont loin, dans leurs pratiques, de réellement traduire ce que représente de tels concepts. Tout simplement parce que la base théorique a elle-même été biaisée. Marcuse ne désespère toutefois pas, de croire qu'une réelle culture de gauche soit possible. Qu'une véritable contestation puisse prendre pied et que le changement ait lieu si nous revenons aux fondamentaux de la praxis révolutionnaire. Tout en tenant compte de ce que, grâce à la technologie, le capitalisme ait pu atteindre un sommet inégalé d'intégration et de domination de toutes les forces d'opposition. En plus, le capitalisme n'est pas prêt, quels que soient les risques à prendre, à lâcher ses emprises. Dans ces conditions, l'une des premières tâches à accomplir, c'est de :

«(…) revenir à la stratégie minimale du front unique, c'est-à-dire à l'action commune d'étudiants, d'ouvriers militants, de groupes et de personnalités (mêmes apolitiques) de la gauche libérale. La tâche d'un tel front consisterait à organiser des protestations contre certaines agressions ou répressions particulièrement brutales du système » (H. Marcuse, 1976, pp. 28-29).

Il nous faut, contre l'absolutisme, ne pas disperser les forces du changement. Il s'agit de freiner la brutalité du système de domination, en l'envahissant partout où il se trouve avec ses propres moyens, telle la « démocratie bourgeoise (élection, soutien d'hommes politiques libéraux, propagation d'informations censurées, protestation contre la destruction de l'environnement, boycotts, etc.) » (H. Marcuse, 1976, p.30). Mais aussi avec des moyens autres que ceux auxquels il s'attend et surtout avec des couches d'individus provenant d'horizons les plus insoupçonnés. « En clair, la critique sociale assume son aboutissement politique qui consiste à favoriser l'intervention des dominés dans la vie politique, à susciter leur mobilisation qui culmine dans leur érection en une force politique » (M. Savadogo, 2012, pp.103-104).

Il ne faut plus, en effet, si on veut une vraie politique de changement, compter uniquement sur le mouvement ouvrier, parce qu'il n'existe plus telle que nous l'avions connu. Les patrons et le système ayant réussi à partager avec lui les objectifs du capitalisme. Il n'en demeure pas moins que les travailleurs soient sollicités par la Théorie Critique. Cette fois-ci, dans un front commun avec un mouvement féministe dont les membres ont en partage la revendication de droits sciemment étouffés par l'autre sexe.

Les jeunes, quelles que soient les couches sociales auxquelles ils appartiennent sont tous confrontés à l'angoisse que le système industriel établi a fait de l'avenir. C'est pour cela que la conscience étudiante a une place de choix dans cette lutte de la jeunesse. Elle qui a la chance d'avoir un regard plus approfondi sur un certain nombre de connaissances, n'est pas moins embarquée, elle aussi, sur des destinations dont on ne sait presque toujours rien.

À ce niveau, il faut savoir que le monde universitaire, les enseignants, les chercheurs ou les encadreurs, tous considérés à tort ou à raison, comme étant la crème intellectuelle par excellence, font bien d'aiguiser déjà la réflexion, comme ils le font dans les salles d'amphithéâtre, de travaux dirigés. Mais cela n'est pas suffisant. Leur apport dans l'existence concrète, dans la lutte de tous les jours, d'une société qui vise à faire disparaître les inégalités et faire naître un monde plus affranchi, est aujourd'hui plus que nécessaire s'ils ne veulent pas être complices de la situation du statu quo. Ce qui nous amène à nous rappeler bien évidemment que « l'université a toujours pour fonction professionnelle de développer une conscience vraie » (H. Marcuse, 1969, p.117). Cette forme de conscience consiste déjà à pouvoir inculquer des valeurs universelles comme le refus de l'injustice, l'utilisation de la connaissance pour des actes constructeurs et non destructeurs, la manifestation de la violence dans des cas d'extrême nécessité, de légitimité. Il s'agit donc pour les universitaires d'analyser eux aussi les situations de statu quo dans lesquelles la société industrielle établie nous plonge et d'explorer les voies possibles de sortie afin que nous ne périssions pas tous.

Le refus de l'injustice passe par une dénonciation argumentée de la situation, dans laquelle nous sommes empêtrés et dont il nous faut sortir. Ce n'est plus le temps de se taire mais d'agir. Aujourd'hui plus que hier, la société industrielle avancée a tellement renforcé ses bases de domination et de profit qu'aucune autre alternative ne nous est permise. Si ce n'est celle de conjuguer tous nos efforts pour la faire basculer. Dans cette lutte, aucune force révolutionnaire n'est à écarter. La Théorie Critique qui a d'ailleurs fait de l'union dans la lutte, son principe, propose en effet, que ceux qui réfléchissent pour le système quantitatif de la société industrielle établie puissent être interpellés à porter leur réflexion sur la qualité de la vie. On aurait ainsi des scientifiques, des ingénieurs ou des chercheurs, dont le but des travaux ne serait plus de permettre à des multinationales, de seulement faire des profits démesurés ou de fabriquer des armes de destruction massive. Le monde scientifique pourrait être appelé à jouer ce rôle qui aurait dû être de tout temps le sien, c'est-à-dire, utiliser le feu du savoir dans l'unique but de protéger la vie, de la rendre heureuse. Les technosciences permettraient ainsi aux universaux, aux concepts que la société industrielle a voulu étouffer, en en faisant des coquilles vides, des imaginations puériles, de prendre la plénitude de leurs formes réelles. En vérité :

« L'homme de science peut fort bien être inspiré par des finalités humaines ; celles-ci resteront cependant extérieures à sa science et limiteront, voire définiront de l'extérieur sa créativité. Ainsi l'homme de science ou le technicien, occupé à concevoir et à construire un pont ou un réseau routier, à aménager le travail et les loisirs, à dresser des plans de villes, peut très bien (et c'est souvent le cas) projeter créer quelque chose de beau, de paisible, d'humain » (H. Marcuse, 1971, p. 197).

La vie peut donc avoir meilleur visage, grâce au technicien qui lui-même en fait partie, et donner la joie à tout le monde. La chose n'est donc pas impossible. Ce qui était considéré comme étant un rêve, est en fait une réalité que l'on a cru pouvoir masquer pendant longtemps. Les technosciences peuvent imaginer un monde qui soit moins violent, moins destructeur, moins stressant et qui favorise en priorité la satisfaction des besoins les plus élémentaires, la vie agréable.

Pour la Théorie Critique, cela est possible et c'est pourquoi l'une de ses tâches, c'est d'ouvrir la voie de cette espérance afin de ne pas permettre aux sciences de se dérober de cette mission. Il nous faut savoir que : « la crise du capitalisme est une crise de l'existence qui ébranle celle-ci jusque dans ses fondements (…) dans cette situation, la science est à mesure d'accéder à la connaissance de cette crise, de ses causes et de sa solution… » (H. Marcuse, 1969, p. 138). C'est la science, la technique qui est à la naissance du capitalisme, l'a de tout temps accompagné. Ce qui suppose qu'elle connait aussi les failles de son fonctionnement. Comment y remédier et quelles perfections apporter. Il existe donc des solutions pour tout ce qui pourrait advenir.

Les technosciences, de par leur importance dans le dispositif de la société industrielle établie peuvent, si elles s'orientent vers des formes de vies plus libératrices ; donner à l'humanité de meilleures chances d'existence. Une de ces possibilités est peut-être l'automation qui pourrait être considérée comme une sorte de robotisation de la vie en société mais qui est en fait, et c'est cette signification qu'il nous faut retenir ; la possibilité pour les individus de se voir de plus en plus déchargés des tâches laborieuses. C'est une occasion de s'accorder plus de loisirs véritables, de ne pas être victimes de pénurie et de voir la technique s'intéresser à des concepts.

Il resterait par exemple possible pour la technique, après avoir investi un certain nombre d'activités, de prendre pour préoccupations, des valeurs, des concepts tels la liberté, l'amour, le bonheur, le partage, la nature etc. On pourrait essayer de voir par exemple, les possibilités rationnelles qui permettraient d'augmenter la proportion de la liberté, de laisser l'amour s'extérioriser, de faire du bonheur, une affaire générale et non individuelle. Le partage peut être un principe fondamental de la nature, une donnée à absolument respecter.

Ce n'est pas ici, une technocratie qui est en train de naître. C'est plutôt la part de la technique, tout comme de nombreuses couches ou des secteurs d'activités, dans la naissance d'un monde pacifique. Pour qu'un tel monde advienne :

« Les nouvelles fins, comme fins techniques, devront intervenir alors dans le projet et dans la construction de la machinerie et non pas seulement dans son utilisation. Les nouvelles fins pourraient même s'imposer dans la construction des hypothèses scientifiques » (H. Marcuse, 1968, p.256).

Cela supposerait donc que toute technologie qui se met en place doit intégrer dans son projet de construction, la naissance d'un monde toujours meilleur. Jusqu'alors, ce n'est pas ce qui a été la priorité de la technologie et la conséquence que nous subissons, c'est celle de vivre dans un monde où nous avons fini par être dominés par ce que nous avons, nous-mêmes, mis en place. On a utilisé la technologie dans un sens utilitaire, de standardisation, de contrôle…Finalement, c'est nous qui en payons le prix.

Il aurait donc fallu faire de la technique tout un art de vivre. Y inclure la formidable faculté qu'est l'imagination afin de créer un monde de liberté qui soit véritablement meilleur. La culture qui doit être promue ici ne serait autre que celle de l'art, d'un monde qui ne soit pas celui de l'enfermement mais plutôt celui de l'affranchissement et de l'épanouissement.

« Dans la mesure où l'homme et la nature sont constitués par une société non libre, leur potentiel réprimé et déformé ne peut être représenté que sous une forme qui distancie et détache. Le monde de l'art est celui d'un Principe de Réalité différent, celui de l'altérité ; et ce n'est que par son altérité que l'art remplit une fonction cognitive (...)» (H. Marcuse, 1979, p.23).

C'est dans la culture, dans l'art qu'il demeure encore intact de s'élever au-delà de ce monde et de proposer autre chose que le quotidien actuel d'existence réprimé. À la recherche de ce monde qui pourrait réellement signifier quelque chose de nouveau, de beau, face à la violence continuelle de la société industrielle établie, il semble bien souvent que les mots ne suffisent plus. Tout simplement parce qu'au fil du temps, la société industrielle, pour conserver ses acquis, se barricade sans cesse derrière des murs de la violence légale, de la répression des couches revendicatrices, du massacre des populations ayant moins de moyens technologiques de défense. Face à la violence, il existe un certain nombre de moyens y compris d'autres stratégies, que les pays industriellement moins avancés pourraient, par exemple, s'en servir.

3.3. De la voie à suivre pour les pays industriellement moins avancés

S'il s'agit pour les pays industriellement moins avancés de suivre les voies empruntées par les sociétés industrielles établies, dans l'espoir d'avoir les mêmes moyens de développement qu'eux, ou de se maintenir dans des systèmes de dictatures rampantes ; c'est qu'ils auront fini de s'engager eux-aussi dans un mal développement dont il n'est pas sûr qu'ils s'en sortiront. Comme conséquence, la précarité en leur sein sera aussi le creuset de souffrances et de déstabilisations perpétuelles.

Les pays en voie de développement devraient pouvoir s'engager sur une troisième voie de construction de leurs nations en privilégiant une technologie qui humanise. Plutôt qu'un simple transfert de technologie qui ne tient pas en priorité compte de leurs réalités. Ils devraient puiser dans leurs cultures, des sources existantes d'humanisme, trop souvent ignorées. Ils ne devraient surtout pas tomber dans les mêmes erreurs d'un monde qui manque de cœur, de partage et de respect pour la nature. F. Fanon (1961, p.96) peut, en ce sens, dire que :

« Le tiers-monde ne doit pas se contenter de se définir par rapport à des valeurs qui l'ont précédé. Les pays sous-développés au contraire doivent s'efforcer de mettre au jour des valeurs qui leur soient propres, des méthodes, un style qui leur soient spécifique ».

On ne peut raisonnablement se plaindre de l'autre si on prend tout de lui sans que nous exprimions ce qui fait de nous une identité particulière. L'importance que nous réclamons aux yeux des autres, nécessite que nous le méritions. Copier platement le capitalisme ou le socialisme des pays établis c'est ignorer l'histoire qui a fait naître cette pratique politique en leur sein tout comme, c'est ignorer que nous avons une histoire, que nous sommes une histoire.

Tout n'est certes pas à rejeter dans la société industrielle avancée, mais tout n'est pas pour autant bon à y prendre. On pourrait par exemple, réfléchir dans le cas de règlement des nombreux conflits qui perdurent en Afrique, à des solutions endogènes plutôt que de prendre tout ce qui vient généralement de personnes qui ignorent le fond des relations existantes entre les populations. Il faut dans ces situations, entre autres :

«(…) chercher à réactualiser, réinterpréter et redynamiser les traditions culturelles africaines de paix à travers la recherche du consensus et du compromis, traditions de la tolérance et du pardon, héritées des institutions traditionnelles de la palabre africaine, du conseil des anciens, du bois sacré et de la parenté à plaisanterie » (L. Sylla, 2007, p.285).

Il semble que ce genre de résolutions, puissent donner biens de satisfactions, qui épargnent, fort heureusement, la vie de milliers de personnes engagées malgré elles dans des conflits dont elles ne comprennent pas toujours le sens. Le résultat d'une telle initiative, c'est qu'il est non seulement possible pour les États moins avancés technologiquement de puiser dans leurs génies, des réelles possibilités d'épanouissement mais qu'en plus, ils peuvent atteindre des objectifs, des résultats, que la communauté dite internationale ne saurait toujours garantir. Cette forme de dialogue née des fondamentaux de certaines formes de discussions dans des cultures africaines, prouve certainement qu'en toutes choses, il n'y a pas que des vainqueurs et des vaincus. Mais qu'il faut tendre vers les synergies pour bâtir un monde acceptable.

La démocratie qui est chantée comme modèle par excellence et à laquelle des États Africains, par exemple, sont astreints ne saurait être appliquée mécaniquement à tout contexte car, comme toute œuvre humaine, elle ne peut être parfaite. En ce sens, la démocratie mérite, elle-même de continuellement tendre vers une perfection qui doit pouvoir s'adapter aux réalités de chaque pays. Ce n'est aucunement une dévalorisation de la démocratie mais bien une célébration de son universalité par son enracinement aux multiples cultures qui proclameront son unité multiple. Ce qui fait dire à F. Dosso (2015, p.35) que : « la démocratie se construit tout en construisant les hommes sans épargner leur vie en cité ». Construire les hommes, c'est construire tous les hommes avec les principes de l'équité et de la justice du fait de leur appartenance à une même société, à un même monde. La cité elle-même a une histoire et des pratiques que la démocratie ne saurait ignorer mais devrait plutôt y voir les points à retenir, améliorer ou ignorer.

Dans cette bataille, il est évident que des luttes sont à mener contre la situation du statu quo. Des luttes qui pourraient être considérées comme étant de la subversion mais qui ne sont en fait, rien d'autre, qu'une affirmation des exploités afin que cesse précisément toutes ces formes pernicieuses, insidieuses et exploitantes que la société industrielle établie a mis en place. C'est ici une violence qui en combat une autre plus avilissante. Non, dans l'objectif d'instaurer une autre forme de violence, mais dans celui de définitivement briser les chaînes de l'oppression et de permettre à l'existence de retrouver à nouveau tous ses droits.

On devrait pouvoir tenir compte du fait que : « dans la continuité historique, les révolutions établissent leur propre code morale et éthique et deviennent ainsi la source de nouvelles normes et valeurs universelles » (H. Marcuse, 1970, p.303). C'est pourquoi la révolution censée être menée par tout le corps social ne vise que des formes de protestation et ne suit que les voies d'un changement qui ne soit pas brutal, barbare, aveugle et injuste. Il s'agit ici d'un autre type d'armes face auquel la société industrielle établie semble impuissante. Les soulèvements populaires dans lesquels, peuvent même être impliquées, les forces censées défendre la société de répression, sont par exemple ici indiqués.

Le constat à ce propos est que dans de nombreux pays, la police, la magistrature ont, elles aussi, des syndicats et protestent au même titre que les salariés, les étudiants, sur un certain nombre de mesures que prennent les gouvernements. Cela constitue une évolution notable à encourager et cadre totalement avec la vision de la Théorie Critique qui a pour principe d'unifier toutes les forces. Pour ces deux cas que nous venons de citer, il est souvent courant, même si cela ne se passe que le temps d'une manifestation, de voir les forces de répression se transformer en force d'avenir. Il faut peut-être voir là, dans quelles mesures, tirer profit d'une telle situation et pousser l'armée, la police ou la gendarmerie à partager ces souffrances de la population, qui concernent en fait, finalement tout le monde.

Les anciens combattants, les démobilisés, les invalides de guerre sont souvent bien nombreux à ce genre de manifestation. Eux qui ont vu l'horreur de la guerre et qui savent certainement beaucoup plus apprécier la paix. Il s'agit, devant des revirements pareils, de savoir mener en profondeur l'action d'union avec toutes ces forces, partager avec elles leurs expériences, afin de mieux faire passer le discours de la sensibilisation.

Outre les marches, les sit-in, qui sont une réelle démonstration de force et qui prouvent aux opinions que la majorité n'est pas toujours du côté des forces qui soutiennent la détenir, il y a le message qui est traduit tout au long et après ces rassemblements. Ce n'est généralement pas celui de l'affrontement, surtout quand il n'est pas porté par des partis politiques dont l'intérêt est partisan, mais concerne une dénonciation des dysfonctionnements et des voies nouvelles à explorer pour un mieux-être.

Ces rassemblements sont donc une sorte de fraternisation pour traduire la communauté de destin qui est nôtre et réaffirmer l'impérieuse nécessité qu'il y a urgence à agir et à bien agir. Cela passe par un dépouillement de la réalité actuelle, de toutes ses pesanteurs et de l'affirmation d'une nouvelle réalité, d'un nouvel état d'être. Il n'est donc pas juste de condamner toute opposition à la violence en la considérant elle-même comme une forme de violence et donc comme une pratique condamnable.

Il ne s'agit pas pour la Théorie Critique de s'installer définitivement, en effet, dans la violence de la contestation mais bien d'en sortir. Ce n'est jamais de gaîté de cœur que les gens abandonnent tout. Ne serait-ce que durant une journée, pour se jeter dans les rues, affronter les forces de défenses, dresser des barricades, enflammer des pneus, incendier des voitures, crier leur ras-le-bol... Cela est l'expression certainement d'une réponse à des situations qui, à leurs yeux, paraissent de plus en plus inadmissibles, insupportables. C'est pourquoi, il nous faut nuancer la position de Hannah Arendt qui soutient que « la violence peut être justifiée, mais elle ne sera jamais légitimée » (A. Hannah, 1972, p.162).

Sa position, peut être compréhensible pour un certain nombre de situations dans lesquelles la violence est utilisée comme l'expression de la défense pour soi. Même si c'est une violence qui est entretenue par la suite comme étant une voie à conserver dans le but certainement de contrer tout revirement. Dans ce cas la violence sert de paravent, de refuge, pour justifier un certain nombre de besognes qui ne sont pas toujours nécessaires. Ce type de violence qui a dévié de ce qu'elle était à l'origine, peut être perçu dans différentes sortes de luttes d'émancipation menées contre des dictatures et qui au lieu d'ouvrir définitivement des horizons d'harmonie ont plutôt laissé persister un vent possible de répression. On a par exemple laissé croire qu'il fallait maintenir une certaine forme de violence nécessaire pour étouffer des tentatives qui nous ramenaient à l'ordre ancien. La prise de la bastille en France, la révolte bolchevik en Russie, la chute de la dictature de Batista à Cuba, l'avènement des indépendances en Afrique... Tous ces événements ont eu lieu à la suite d'actes de violences plus ou moins justifiés face à une souffrance plus grande que vivaient ces différents peuples. En même temps, il est à remarquer qu'au lieu que ces évènements apportent les changements espérés, c'est plutôt à une autre vague de violence qu'on a eu droit et qu'on a essayé de légitimer sur des bases peu ou pas du tout convaincantes. Il y a eu par exemple une forme de pouvoir despotique à la suite de la première révolution en France. La révolte bolchevik s'est muée en communisme dictatorial. À Cuba on a eu droit à une autre forme de communisme marquée par un accaparement du pouvoir d'État. En Afrique, les partis uniques ont prospéré un peu partout.

Le résultat de toutes ces déviations, c'est qu'on a assisté à une confiscation des libertés, au nom du peuple, a-t-on eu des fois, le courage de dire. Les emprisonnements politiques se sont succédé. On a eu droit à des enseignements politiquement corrects, des jugements expéditifs, des assassinats et ou à la répression de certains peuples jugés récalcitrants.

Cette nouvelle forme de violence était jugée légitime par ceux qui la pratiquaient. Cela, au motif qu'il fallait préserver la sécurité et la stabilité. Quoique dans le fond, il s'agisse d'une violence tout aussi abusive que celle qu'on disait combattre. Parce que finalement, c'est le retour à la case départ, aux abus et aux déviations de toutes sortes. Ce qui nous amène à comprendre pourquoi, « l'homme éprouve le besoin de justifier sa violence, parce qu'il a conscience qu'elle n'est pas juste. Parce qu'il se sent coupable, il a besoin de se disculper et de clamer son innocence (…) pour pouvoir continuer à agir sans se sentir coupable (…) » (S. J. W. Kolorunko, 2008, p.64). Dans pareille situation, on explique qu'il n'y avait pas d'autre choix que de faire preuve de violence légale et même, soutient-on de violence légitime. On parle, par exemple, bien souvent, de mater les rébellions, les contestateurs, d'écraser les indépendantistes ou les sécessionnistes, d'anéantir les terroristes, d'exécuter les auteurs de coup d'État, au nom, précise-t-on de la raison d'État ou de la sécurité nationale. Des justifications qui, si on se limite au cadre étriqué de l'État, de son fonctionnement, de ses principes, s'expliqueraient certainement. Si la réflexion est ramenée aux considérations éthiques, aux valeurs de la liberté, du respect de la vie ou de toutes les raisons qui ont pu pousser ceux qui sont accusés d'avoir agi ainsi, on ferait certainement preuve d'un peu de retenu. C'est pourquoi, vouloir obligatoirement maintenir la violence, en faire son activité essentielle, la pratiquer en tout instant et en toute occasion, faire de la force un usage permanent, c'est sans aucun doute l'expression d'une faiblesse plus grande que celle qu'on veut combattre. Ce type de violence perd évidemment toute légitimité et toute nécessité. Parce qu'on en a fait un programme principal.

Pour la Théorie Critique, la violence n'est jamais une nécessité absolue et ne saurait en ce sens constituer un pilier essentiel et unique d'activité. Ce qui est essentiel ici, c'est comment la pensée est en œuvre, en pratique. Pour ce faire, il s'agit bien d'explorer toutes les éventualités permettant l'avènement d'un changement radical dans la société sans que l'on ne puisse ignorer les principes essentiels de l'éthique et d'une vie entièrement dépouillée des forces rétrogrades qui ont jusqu'alors existé. Mieux, il ne s'agit pas de bâtir un monde à partir d'une violence qui ne se justifierait pas du tout ou qui se déploierait sans aucune restriction.

La violence de la contestation dont parle la Théorie Critique, si elle est impulsée par la majorité des masses souffrantes et par tous ceux qui croient qu'on peut mettre fin à des modes d'existences absolument injustifiés, s'exprime avant tout, dans des cas extrêmes du droit à la vie et jamais dans une intention préalable de l'ôter ou simplement de faire le maximum de dégâts. La violence n'est donc pas pour la Théorie Critique, le premier, mais le dernier recours. C'est une action qui s'inscrit toujours dans les situations où toutes les voies de résistance semblent épuisées. Encore qu'il ne s'agit pas de rechercher l'affrontement mais de se retrouver dans une nécessité d'action pour mettre un terme à la situation du statu quo entretenue pas la société industrielle établie et dont la continuation ne peut qu'aider à empirer l'existence quotidienne. « La violence révolutionnaire n'est donc qu'une défense contre la violence contre révolutionnaire » (H. Marcuse, 1970, p.298). Elle n'est pas une panacée mais une nécessité pour faire barrage au cœur de ce monde qui a cessé de comprendre les douleurs qui sont chaque jour émises.

Les complaintes des opprimés n'ont qu'un seul but, mettre fin au chaos vers lequel nous entraîne inexorablement la société industrielle établie avec son cortège de contradictions et d'angoisses.

Il ne faut pas l'oublier : « Le travail du colon est de rendre impossible jusqu'aux rêves de liberté du colonisé. Le travail du colonisé est d'imaginer toutes les combinaisons éventuelles pour anéantir le colon » (F. Fanon, 1961, p.89). Le colon lutte, non dans le but de vivre en harmonie avec le colonisé mais de continuer à le dominer et à le spolier. Le colonisé quant à lui, lutte pour ne plus continuer d'être colonisé. Sa lutte s'inscrit dans l'objectif d'être libre comme tous les principes naturels et légaux le clament mais que lui refuse le colon. Faire disparaitre la politique d'asservissement du colon, c'est retrouver sa liberté confisquée, c'est libérer le colon de sa contrainte à coloniser.

Quelle est en effet, cette existence où la technologie censée nous libérer, a fini par faire de nous des esclaves de chacune de ses créations et a artificiellement installé en nous des besoins qui n'en sont pas en fait ? Nous dépendons tellement de la technologie qu'il suffit qu'un seul de ses maillons soit en panne pour que toute la machine technologique soit grippée et que nos vies en ressentent immédiatement les effets, y compris dans ce que nous avons de plus intime. Il reste à se demander si l'intimité et le rêve sont encore de ce monde. La machine technologique nous habitue finalement à une vie qu'on semble avoir déjà vue. Elle ne crée obligatoirement pas quelque chose de nouveau mais elle nous présente une sorte de réchauffé. La mode, avec ses "créations" qui rappellent celles de nos grands-parents prouve, d'une certaine façon, que ce qui aurait dû être une technologie dans le domaine du style n'est en fait qu'un manque criard de création, de génie, d'invention. La technologie se mélange certainement les pédales, parce qu'il lui manque cette touche divine et céleste que représente l'art. Il faut de l'art dans la technique. Ou, devrions nous dire, il faut que la technologie devienne art de créer, d'inventer, de faire, de vivre, d'exister.

Il semble en effet, manquer à la société industrielle établie, malgré toutes ses capacités et ses moyens, la capacité de donner de la réalité existante et de l'avenir ; l'espérance et la liberté à laquelle chaque individu a pourtant droit. C'est pourquoi, il nous faut inventer le monde, mais avec art.

3.4. La rébellion artistique et la Théorie Critique

Ce monde a cessé depuis longtemps de faire rêver, à cause d'une technologie qui semble avoir établi d'avance un certain nombre de prévisions auxquelles l'on ne saurait échapper et d'une gestion de la société dont les membres ne seront pas tous bénéficiaires des revenus. À ce titre, on essaie de faire admettre qu'il est tout à fait logique selon des données statistiques, que des personnes soient exclues du système éducatif ou de santé. Il accepté que le taux de chômage augmente, des entreprises ferment, les agressions se multiplient, des pays rentrent en récession, des forêts, des espèces ou des cultures disparaissent.

Sur quelles bases ces prévisions sont-elles élaborées de sorte que ce ne soit pas la tendance contraire ? La réponse à cette question supposerait que nous recherchions encore les données de l'exigence technologique d'un monde déjà élaboré et auquel on ne peut quasiment rien changer.

C'est cette tendance au verrouillage et à la croyance que les choses sont définitivement établies, quoique nous parlions des êtres de raisons et de leur rapport à l'univers, que la Théorie Critique ne saurait admettre. Parmi toutes les opportunités dont elle se sert pour montrer le contraire d'un tel état de fait, l'art est pour la Théorie Critique, un canal extraordinaire qui permet de montrer que la contestation, la fraternité et l'ouverture sont encore possibles. En réalité, « le monde qui fait l'objet de l'intention artistique n'est en aucun cas seulement le monde donné de la réalité quotidienne, mais ce n'est pas non plus un monde de pure fantaisie » (H. Marcuse, 1979, p.65). L'art n'est jamais donc essentiellement une sorte de copie de la réalité établie. L'œuvre artistique ne saurait donc se contenter de représenter le monde tel qu'il se présente, de l'accepter et donc de s'y maintenir. C'est pourquoi sa première action, c'est en même temps d'en sortir. Elle sait que la société existante est loin de garantir toutes les possibilités qui pourraient normalement s'offrir aux individus. C'est pourquoi quand l'art parle de l'existence établie à travers la musique, les tableaux, la sculpture, le roman, l'essai, la danse, le cinéma ou le théâtre ; jamais il ne saurait se contenter de la présenter seulement telle que ce qu'on a fait d'elle mais toujours telle qu'elle peut être ou telle qu'on peut souhaiter qu'elle soit. Sortant donc de l'enfermement dans lequel la société industrielle établie croit pouvoir maintenir la société toute entière, l'art montre qu'un autre monde ou que plusieurs autres mondes sont encore possibles.

Dans notre habitude de tourner généralement ce qui nous est inconnu en dérision ou en pure vue de l'esprit, avec ce que ce dernier groupe de mots est censé supposer dans l'entendement de la société établie, nous pensons souvent que ce que disent les vrais artistes relève de la démangeaison d'une réflexion quelque peu embrouillée. En fait, c'est certainement nous qui avons tellement été confondu à la société administrée que nous avons perdu toute possibilité de nous élever de la platitude de ce monde. L'œuvre d'art ne saurait, en aucun cas se confondre à l'ici et au maintenant. Mieux, l'art est toujours construction, projection d'un monde qui n'est pas seulement ce que nous avons l'habitude de voir mais bien convoyage vers un monde où chacun d'entre nous se retrouve dans une vague réelle d'humanité.

Le monde vers lequel l'artiste nous conduit est bien souvent trop difficile à imaginer, à comprendre. C'est certainement pour cela que très vite, nous semblons nous convaincre d'embarquer dans une sorte de monde fait de folies. Mais au fond, c'est certainement nous-mêmes qui sommes empêtrés dans un monde qui a définitivement éteint notre capacité à une réflexion qui puisse dépasser le seuil de cette société de telle sorte que nous ne voyons pas qu'un monde meilleur que celui auquel nous nous attachons soit encore possible. Les artistes perçoivent pour leur part tous ces signes.

C'est pourquoi, là où la division semble s'être enracinée entre les êtres humains, les artistes réussissent à créer l'union. Là où la nature semble être banalisée, ils arrivent à faire ressortir sa beauté. Là où tout semble pouvoir être sous le règne du calculable et du mesurable, les artistes sont encore capables de montrer que la bonté d'un cœur n'a pas de mesure. C'est déjà pour tout ce qu'il représente ainsi, que l'art cadre avec le fonctionnement de la Théorie Critique. L'art prouve non seulement que la fraternité, l'humanisme, le partage ou la liberté, sont encore possibles mais qu'il ne faut jamais se soumettre à la toute puissance dominatrice, fusse-t-elle, celle d'une société qui semble avoir la main mise sur tout.

C'est vrai que l'art ne se sert pas ici de coup de boutoirs, de fusils d'assauts, d'armes de destructions massives pour s'imposer, pour traduire ce qu'il ressent mais il se sert de cette force irremplaçable qu'est le verbe créateur, de ses styles, de ses manières, de ses formes qui touchent, même les âmes les plus endurcies. En effet :

« L'œuvre d'art possède une identité originale et complexe. Son caractère «anti-institutionnel», sa puissance indisciplinaire et protestataire, lui permettent de s'opposer à la brutalité de la société administrée. Par sa singularité, comme par sa modalité d'existence décalée, elle expose sa différence face à l'ensemble des simples choses (…) » (J. M. Lachaud, 2003, p. 270). L'on semble parfois ne rien comprendre au discours artistique parce que son langage est tout sauf celui qu'on tient habituellement sur la marche de la société. Ce caractère apparemment étrange constitue sa marque et son pouvoir d'opposition au monde tel qu'il se donne à voir. La vie, celle qui mérite d'être menée est bien loin d'être totalement plate. Elle est plutôt un ensemble de richesses, faite de couleurs, de sons, de lumières, d'extraordinaires beautés, de calme, d'activités fécondes, de joies, de peines qui ne demeurent pas éternelles, de félicité, d'harmonie, d'amour, de partage… Il serait bien difficile de retrouver toutes ces qualités dans la société industrielle établie. Elle qui reste toute engluée dans la raison instrumentale et pour qui ne compte que l'ici-bas. Ce qui est tout le contraire de l'art. Il ne faut pas l'oublier, l'une de ses principales définitions c'est qu'il est création. Il est la garantie d'un espoir éternel que la masse ne saurait étouffer. C'est en effet, un discours nouveau qui est tenu ici. Ce n'est pas un discours démonstratif, explicatif, c'est tout simplement une nouvelle manière de voir les choses. L'art met à nu certaines situations, pour rétablir certaines vérités. Les fameux *" vieux souliers aux lacets''* du peintre Vincent Van Gogh (1853- 1890) sont un message assez fort pour montrer comment l'art est capable d'attirer l'attention sur un sujet que tout le monde feint de ne pas voir afin de ne pas créer le changement qui s'impose. Ces *"vieux souliers aux lacets''* ne sont pas seulement vieux, ils sont sales, crasseux, en piteux état, rafistolés et indiquent tels qu'ils se présentent, la situation sociale de celui qui les porte. À quel type de société avons-nous affaire pour qu'un individu puisse se retrouver dans un état de dénuement pareil avec des souliers aussi affreux ? Une tentative de réponse pourrait tout de suite nous amener à penser que nous avons certainement affaire à une société exploitante, appauvrissant ou tout simplement peu soucieuse des conditions de vie des individus en son sein. M. Heidegger (1950, p. 27) peut en ce sens nous rappeler que : « la toile de Van Gogh est l'ouverture de ce que le produit, la paire de souliers de paysan, est en vérité ». Cette toile qui dévoile l'être que l'étant de la société tente d'ignorer, d'étouffer. Quel que soit le cas, cette société est criminelle. Elle nous renvoie dans un état de guerre, animalier et sauvage.

C'est contre ce renversement des choses que l'art se dresse. L'art présente la société dans ses faces les plus individuelles, les plus personnelles, pour attirer l'attention sur des cas qui peuvent paraître essentiellement particuliers mais qui traduisent réellement ce que le monde a fait des individus. Ainsi, à partir de ce qui semble être un simple tableau, il se dessine tout un monde que l'art interpelle, qu'il met en cause, qu'il critique. Son opposition à cette société prouve aussi qu'une autre société est possible. « L'art, de par sa nature, échappe à la pensée ambiante et permet à l'individu de découvrir un univers autre que ce qui lui est présenté. Il est la voie indiquée pour l'autonomie du sujet » (D. L. Fié, 2011, Baobab 8). Ce qui était alors juste présenté à l'individu ressemble bien à une prison d'où on n'en sort jamais. Pourtant, nous devons en sortir. C'est pourquoi, l'art demeure rebelle et ce trait de caractère ne saurait jamais être du côté d'un quelconque groupe d'intérêt de la société industrielle avancée. Le discours de l'art est avant tout, le cri d'une colère qui affirme qu'il nous faut nous élever au-delà de ce vers quoi nos yeux sont rivés afin d'atteindre la jouissance d'une âme , devant des signes de joie de plus en plus rares, du fait d'une société qui a fini par tout faire rentrer dans le moule glacial de la chosification.

En prenant ainsi position, l'art se laisse saisir dans l'un de ses principaux objectifs, « la reconstruction de la société et de la nature de façon à accroître la possibilité humaine d'accéder au bonheur » (H. Marcuse, 1979, p.67). L'existence des individus, mais aussi la vie de la nature avec ses animaux, plantes, terres, rivières, fleuves ou mers, sont tous considérées avec les mêmes égards par l'art qui nous rappelle ainsi l'interaction, la dynamique entre tous les êtres qui forment l'univers. Si nous comprenons cette indispensable relation, nous comprendrons mieux qu'il est possible de donner un nouvel espoir à la fois à la société et à la nature, afin de certainement permettre un mieux-être aux humains et une meilleure appréciation de tout ce qui nous entoure, et donc de mieux protéger l'univers. Ce qui nous permettrait de tirer conséquemment pour nous et pour lui, tous les bénéfices possibles. En ce sens, on comprendra aisément que « la révolution se fait au bénéfice de la vie, non de la mort » (H. Marcuse, 1979, p.65).

Le véritable art s'inscrit donc dans cette logique que défend de tout temps la praxis philosophique de la Théorie Critique. Il se laisse saisir dans la rébellion instinctuelle, l'éveil d'une nouvelle sensibilité, la dénonciation des maux qui tirent la société et la nature vers des modes de vies qui la détruisent plus qu'ils ne l'améliorent. L'art est pour la réparation des injustices à l'endroit des masses, des minorités, des marginalisées, être l'écho des cris d'angoisse des jeunes, la revendication de leurs droits par les femmes et la prise en compte de leurs visions sur la société, la foi que la naissance d'autres mondes que ceux qui nous sont servis par la technologie administrative depuis plusieurs siècles ; sont donc toujours possibles.

Ces engagements de la Théorie Critique sont aussi exprimés par l'art avec son style et ses formes. Même si nous ne comprenons pas toujours le nouveau discours qui est en marche ici. C'est encore là, un autre rôle de la philosophie critique, que de nous permettre de décrypter le sens de l'évolution actuel de ce monde, à la merci de la technologie. De montrer tout comme l'art et tous ces mouvements de contestation qui essaient de nous le faire comprendre, qu'il y a plus qu'hier, matière à réflexion pour un réel changement. Pour l'avènement, non seulement d'une meilleure façon d'appréhender l'existence, d'une stratégie à adopter pour mener la lutte. Tout comme l'existence de nombreuses possibilités qui nous sont offertes pour mieux vivre.

Il y a en effet, trop de situations inadmissibles, incompréhensibles et illogiques qu'aucune prétendue logique de la société industrielle établie ne pourrait nous faire admettre et sur lesquelles nous ne saurions faire une économie de critique. On ne saurait fermer les yeux sur un certain nombre de distorsions qui ont cours au sein de cette société, censée pourtant être l'expression par excellence du génie humain. L'évolution technologique de cette société qu'on retrouve dans tous les secteurs d'activités avec des rendements les plus inespérés, a aussi, dans une réalité devenue quotidienne, donné à voir des situations proches du drame, qu'il nous faut non seulement dénoncer mais changer aussi. La Théorie Critique est pour le fait qu'il faut mettre à nu le fonctionnement de la technologie. Il faut faire ressortir le fait que, si elle a permis une plus grande productivité grâce à ses machines de plus en plus performantes, si elle réduit le travail physique dans biens des domaines ou si elle a facilité la communication à un niveau jamais espéré ; elle n'a pour autant pas cessé en même temps de laisser prospérer un certain nombre de faits auxquels ses moyens auraient pu permettre de mettre fin.

La Théorie Critique révèle en effet, qu'alors que des biens de consommation sont produits en quantités inimaginables par la technologie ; des gens meurent de faim ou mal nourris sur le globe. Des individus sont encore obligés de dormir dans les rues. Certains meurent de froid, alors que les moyens de la société industrielle avancée sont tels, que leur accorder une vie décente et digne ne saurait en aucun cas perturber un quelconque budget de son fonctionnement.

On dit de la technologie qu'elle fonctionne sous le mode d'un transfert de capacités des zones plus évoluées vers les zones moins évoluées. Cela, pour montrer son caractère universel et impersonnel. Pourtant on s'étonne de savoir que certaines régions du monde, les pays dits en voie de développement, en l'occurrence, alors qu'ils possèdent des gisements énormes de minerais, soient incapables d'exploiter leurs richesses. La technologie qui sert à cela demeure encore dans les mains des mêmes puissances avancées. La conséquence d'un tel état de fait est que ceux qui détiennent un certain nombre de biens naturels, continuent de souffrir de la faim, de la pauvreté, de la guerre ou de l'influence des États monopolistiques.

À quoi correspond aujourd'hui, dans la société industrielle avancée le succès de l'art ? Ne célèbre-t-on pas plus, tout ce qui chante le sexe, la violence ou le prestige, plutôt que l'amour, la paix et l'humilité ? Il suffit de voir ces soirées de gala, "ces galeries de renom", ces concerts à grand renfort de publicité financés par des entreprises, pour se rendre compte certainement que l'art qui est célébré ici est tout sauf celui qui est censé dénoncer les travers de la société industrielle établie et proposer l'avènement d'un autre monde. Apparemment, les artistes, ne sont aujourd'hui considérés comme étant les meilleurs que s'ils font un certain parcours. S'ils sont soutenus par un certain type de mécènes ou de medias. Comme on doit certainement le comprendre, l'art est lui aussi rentré dans la phase de l'assimilation, de la marchandisation, de la chosification. Sa force contestataire est soigneusement noyée dans le tumulte de la technologie.

Alors qu'elle a, à sa disposition, tout un arsenal juridique censé promouvoir l'égalité des sexes, la société technologique établie ne garantie pas moins une sorte de suprématie de l'homme sur la femme. Déjà au mariage, c'est le premier à être cité qui est très souvent considéré comme étant le chef de famille.

Il y a aussi cette utilisation abusive du corps et de la beauté de la femme par toutes sortes de publicités. Ce qui nous conforte certainement, à l'idée, que voir les femmes jouer les mêmes rôles que les hommes n'est certainement pas une préoccupation pour la société industrielle établie. Ce qui explique aussi qu'elles en soient encore à lutter pour des droits, là où les hommes luttent pour augmenter leurs acquis. La situation n'est peut-être pas flagrante mais elle n'en demeure pas moins présente et il faut dénoncer cela. Dans le monde du travail, ceux qui produisent la richesse sont toujours les premières victimes quand les crises interviennent. Le patronat reste, bien souvent, à l'abri, des tourments financiers et continue de jouir, des labeurs des ouvriers. Ces quelques exemples montrent tout simplement qu'il y a des disfonctionnement réels dans l'activité de la société industrielle avancée qu'il convient de faire connaître. De montrer comment cela est advenu et ce qu'il faut faire. C'est le rôle que s'attribue la philosophie au travers de la Théorie Critique afin de donner de la vie, l'exigence qui doit l'entourer.

3.5. La philosophie et l'exigence d'une éthique de la vie

La philosophie, en s'engageant dans la réflexion sur la technologie, veut tout simplement montrer, qu'à l'évidence, même les situations qui paraissent les plus logiques sont loin d'être ce qu'on croit qu'elles sont réellement. Pire, il nous faut savoir que la technologie, quoique se présentant comme le modèle achevé de l'évolution sociale, laisse plutôt transparaître énormément de contradictions qu'il convient de critiquer. Il nous faut surtout indiquer des voies nouvelles pour une existence qui ne s'inscrive pas dans la voie de l'enfermement et de la domination. C'est pourquoi, il y a un devoir auquel la philosophie ne saurait se dérober. Il consiste à « conduire l'existence à la vérité (…) changer « réellement » l'existence dans la concrétude, et non pas seulement changer (en surface) ses formes et ses structures effectives... ». Il s'agit bien de « changer la manière d'exister elle-même qui est à la base de toutes ces formes » (H. Marcuse, 1969, p. 150). La philosophie se donne dans ce cas le devoir, non de seulement donner des indications mais de réellement s'impliquer à faire que celles-ci soient effectives. Son rôle ici est de pouvoir parvenir à un changement véritable dans la vie des individus afin qu'ils se sentent réellement en train de vivre, comme les possibilités de la société le leurs permettent et non selon une forme de vie déjà tracée pour eux.

Autant, la technologie est un système entièrement structuré qui tient le monde dans tous ses compartiments, autant c'est de façon totale et générale qu'il faut envisager tout changement pouvant donner à l'existence toute entière, un nouveau visage. C'est pourquoi toute action qui doit être menée, ne devra évidemment l'être qu'en tenant compte du principe fondamental qui guide toute action philosophique : la recherche permanente et la réalisation de la vérité. Cela suppose qu'il faut que l'on sache ce qui a été fait de ce monde, qu'on puisse dénoncer les anomalies qui y ont cours et qu'on en vienne à poser les actes qui méritent de l'être, en tenant compte des principes qui ont un réel sens éthique. Tout changement doit donc reposer en priorité sur un certain nombre de principes, tels le droit à une vie décente pour tous, le mérite pour chacun selon sont travail, le respect de la nature, le choix pour chaque individu d'agir sans influence, le respect de l'intimité, une expression réelle de l'art, la liberté langagière, le choix pour chaque État de pratiquer la politique qui lui convient etc.

On ne peut en effet, opérer de changements, si les bases sur lesquelles l'on s'appuie sont elles-mêmes sans fondements universels. Ce qui équivaudrait à dire dans ce cas, qu'au lieu d'une profonde mutation de l'ordre actuel, ce serait tout simplement une sorte de différence de degré à laquelle on assisterait. Il nous faut donc aboutir à un changement radical. Un changement dans la nature même de l'existence telle qu'elle a jusqu'alors été. Il s'agit pour la philosophie critique de mettre fin aux impairs, aux discriminations, aux exploitations, à la vie administrée, à l'hégémonie capitaliste axée sur le bénéfice exorbitant dont sont victimes les masses travailleuses. Il s'agit de surtout permettre un nouveau mode de vie dont les ressources humaines, matérielles, financières et naturelles de ce monde nous garantissent pourtant l'accès. Changer ce monde en profondeur, c'est par exemple mettre tout en œuvre pour que dans une même société, une partie des individus qui la constituent, ne soit pas exclue du monde du travail, de certains enseignements. Il faut faire en sorte que leurs rémunérations ne soient pas que justes suffisantes pour survivre. Il s'agit de faire en sorte que la nature ne soit pas objet de destruction mais qu'elle soit protégée. Le rêve de la libération ne doit pas être jugé d'utopique pour faire de nous, des condamnés à mort dans cette vie d'enfermement.

Il nous faut donc créer ce monde dans lequel la même société censée produire le beurre ne se transforme prioritairement en producteur de canons. Une société où les femmes et les jeunes, dit-on, ont énormément de droits alors qu'ils se sentent chaque jour lésés un peu plus. On affirme que la condition de vie des travailleurs s'est considérablement améliorée alors qu'ils se savent être à la merci de patrons dont le jeu économique auquel ils s'adonnent leur est presque toujours inconnu. Le monde auquel rêve la Théorie Critique, c'est d'abord celui d'une unicité des forces de changement en vue d'opérer le grand saut, non vers l'inconnu mais bien vers un univers façonné selon les moyens dont regorge cette société, les attentes légitimes des populations et la façon de bien faire fonctionner ce monde.

La place que s'accorde la Théorie Critique dans ce mouvement d'ensemble, c'est celle qui consiste pour elle, à non seulement accompagner chaque mouvement de libération qui se met en place mais à surtout donner à voir toutes les possibilités qui s'offrent à nous pour un monde pacifié, épanoui et juste. La Théorie Critique sait plus qu'hier que « l'humanité a atteint le stade où elle est techniquement capable de construire un monde de paix, un monde sans exploitation, sans misère et sans crainte » (H. Marcuse, 1970, p.319).

Le rôle de la Théorie Critique, de la philosophie tout entière, c'est de refuser qu'on en arrive à une situation de non-retour, de mal si profond que l'on ait une grande difficulté à remonter la pente. C'est pourquoi tout comme au temps de Socrate, le philosophe doit persister à demeurer cette abeille à nos oreilles, à tout moment et à tout instant, pour dénoncer tout ce qui ne va pas. Dans la Théorie Critique, au-delà de la dénonciation, il faut agir en se mettant du côté de tous les exploités. Il ne faut pas seulement souhaiter qu'ils s'unissent, mais élaborer avec eux toutes les stratégies pouvant permettre la création d'un monde qui exprime quiétude, enrichissement de la qualité de la vie et liberté.

La philosophie, parce qu'elle est amour de la vérité, et non d'une vérité, est en ce sens, tout à fait interpellée pour scruter tous les horizons pouvant aider à l'éclosion de la lumière de cette vie nouvelle. Ce qui est aujourd'hui plus que nécessaire à cette société dont les différentes contradictions sont en mêmes temps les occasions de déflagration et d'explosion de tous ordres. Il y a possibilité de parer à cela, mieux de faire du rêve la réalité. Il s'agit de faire de l'imagination, l'existence concrète. L'on devra transformer les possibilités en des faits du vécu quotidien.

Les hommes, les femmes, les jeunes, les intelligences, les ressources naturelles existent pour cela. Il ne faut donc pas permettre qu'une minorité à la tête de l'appareil technologique, s'en serve pour infliger la souffrance et la peine à tout le monde. Il est possible de mettre fin, non seulement à l'insatisfaction des besoins primaires mais de combler les attentes que chacun peut avoir pour soi et pour l'univers tout entier.

On pourrait certainement nous répondre que si c'est à une critique en règle du capitalisme et du libéralisme à laquelle nous nous adonnons, il serait temps de jeter un coup d'œil du côté de tous ces régimes dits socialistes qui continuent d'exister et qui apparemment n'ont pas encore satisfait aux besoins auxquels nous nous attendions. Une telle objection serait tout à fait juste, surtout que dans ces régimes, ce n'est vraiment pas le nombre de pauvres qui a diminué et les libertés n'ont pas forcement connu plus de capacité d'expression. Il nous faut peut-être savoir que le communisme, tel que le pensait Marx, n'a pas véritablement existé. Le marxisme soviétique est d'ailleurs là pour nous le rappeler. Il y a aussi fort à parier que le socialisme en lui-même, entendu au sens strict, comme étant la satisfaction des besoins individuels et collectifs, la propriété collective des moyens de production et leur gestion démocratique selon la pensée des universitaires G. Bourgin et P. Rimbert (1986, p.13), semble n'avoir pas été jusqu'alors mis en pratique. Dans tous ces régimes qui s'affublent du titre de socialiste, le constat est que, les besoins sont loin d'être satisfaits. Les moyens de production et les dividendes qu'ils produisent ne bénéficient pas en priorité à la majeure partie de la population, qui elle-même est obligée de payer le prix fort. En plus, leur gestion est tout sauf démocratique. À titre d'exemple, des économies se bâtissent sur des ressources naturelles et donc censées ne pas appartenir à un individu ou à un groupe de personnes mais à l'ensemble de la population. Pourtant ce sont bien des entreprises qui appartiennent à des individus. Malheureusement avec des États complices, qui exploitent ces richesses et qui sont quasiment les seuls à se partager les dividendes. « Cela ne signifie évidemment pas que l'idée du socialisme soit fausse, bien au contraire ; cela signifie seulement que nous n'avons pas encore réussi à faire prendre conscience du contenu de cette idée et de la nécessité de sa réalisation (...)» (H. Marcuse, 1968, p.60). Il faut donc faire prendre conscience de cette nécessité, de cette exigence que tout le monde a droit au bonheur dans un univers où la dignité de la vie ne doit pas être un leurre mais une réalité. Il faut éviter de se servir de l'idée du socialisme pour faire autre chose, pour manipuler les populations qui ne sauraient d'ailleurs être dupes éternellement. Vouloir que nous soyons dans un monde plus juste, que la solidarité prime dans toutes les décisions, que la nature soit perçue comme un bien à protéger et à préserver, toutes ces idées, ne peuvent qu'être profitables à l'ensemble de la population.

La philosophie critique, en s'engageant dans cette lutte pour la vie, montre à chacun de nous que l'existence telle qu'elle se déroule peut changer. Elle nous rappelle qu'il faut cesser de croire qu'il n'y a aucune issue devant l'emprise technologique. La domination du système capitaliste a montré ses limites. Le temps est donc venu pour bien faire les choses et permettre que les concepts et les valeurs universelles soient à nouveau introduits dans la vie de tous les jours. La technologie n'a peut-être pas crée l'hécatombe partout, mais elle n'a pas su éviter trop de catastrophes alors qu'elle avait la possibilité de faire de la qualité de la vie, l'humanisme, la liberté, l'entretien de la nature, ses priorités.

Ce combat peut être mené et il doit être mené. Cela, parce que la situation mondiale du capitalisme n'est pas prête de changer alors que nous savons que les moyens du changement existent. C'est pour atteindre ces changements à portée de mains que des couches socioprofessionnelles, des communautés de tous horizons se battent pour assurer un avenir moins angoissant, avec de réelles perspectives et des programmes humanistes, capables d'être mis en place, d'être exécutés parce qu'ils brisent définitivement l'effroyable vie dans laquelle ce système d'enfermement nous a longtemps plongé. Ce n'est pas une pure illusion qui est en œuvre ici mais une utopie qui se réalise en vue d'apporter les preuves de sa réalisation. Comme aiment bien le réclamer certains matérialistes, des domaines de connaissance et donc d'argumentation, de démonstration tels l'art, l'imagination, la psychanalyse ou la réflexion sur la nature, nous avons les arguments qui peuvent permettre de voir se créer le monde tel qu'il aurait dû être, c'est-à-dire basé essentiellement sur l'éthique, la meilleure exploitation et répartition des potentialités ou l'expression de la liberté. Tout cela est plus que possible si toutes les forces de changement se mettent ensemble pour que cela soit. La philosophie, précisément parce qu'elle embrasse l'ensemble de la connaissance théorique et pratique, accompagne cette lutte pour le saut qualitatif. Son action, outre le bilan qu'elle fait de la configuration de la société industrielle établie et avancée, vise à réunir les forces pour le changement, à voir avec elle, les stratégies de lutte à mettre en place, le chronogramme à suivre, les propositions à faire pour que toutes les valeurs qu'il faut accorder au monde puissent réellement voir le jour.

Il reste à savoir si les forces du statu quo peuvent être si facilement déconstruites. Qu'est-ce qui prouve d'ailleurs qu'une majorité peut se dégager en vue du changement ? Les individus, quels qu'ils soient, sont-ils pour autant prêts à vouloir que leur vie connaisse un changement radical surtout qu'ils semblent tirer bien de profits de ce système technopolitique ? Serions-nous alors dans une forme de simple vœu que de croire que beaucoup de choses peuvent basculer dans ce monde ? Mais que faire alors de ceux qui continuent de contester leur nombre, leur détermination ? Que dire de toutes ces idées nouvelles qui ne cessent d'envahir l'univers technique et qui exigent de plus en plus de valeurs socialistes, éthiques, biologiques ou simplement humanitaires à toutes les entreprises menées à l'endroit des populations, de leurs cadres de vie et de travail ?

Ces questions sont aujourd'hui encore d'actualité car elles expliquent certainement pourquoi Marcuse fonde autant d'espoir dans la pratique philosophique, en vue de voir ce monde changer, dans le sens d'une réelle amélioration. Il sait en effet, que la technologie n'est rien d'autre qu'une forme de vision du monde qui s'est implantée dans tous les secteurs d'activités avec un principe dominateur, standardisé et qui chaque jour, ne cesse de se renforcer dans un monde industriellement avancé. Ce qui explique le fait que :

« En tant qu'univers technologique, la société industrielle avancée est un univers *politique*, c'est la dernière phase d'un *projet* spécifiquement historique (…) » où « (…) par le truchement de la technologie, la culture, la politique et l'économie s'amalgament dans un système omniprésent qui dévore ou qui repousse toutes les alternatives » (H. Marcuse, 1968, p.22).

Parce qu'elle est donc maintenant au début et à la fin de toutes les entreprises humaines, la technique a réussi à façonner le monde à son image, c'est-à-dire, à fondre dans un bloc compacte toutes les entités qui la constituent selon sa vision et sa gestion politique du monde. Elle s'est muée en un pouvoir central, à un principal pôle de décision, qui fixe d'avance le cadre dans lequel tout doit pouvoir évoluer selon une sorte d'interaction qui garantit son aspect systémique et donc englobant, enfermant.

Sauf qu'il s'agit d'un pouvoir qui ne s'exerce pas essentiellement sur des matières inertes mais bien sur des individus et un univers, qui ne sont pas eux-mêmes inertes, mais bien vivants, avec leur autonomie, leur spécificité, leurs libertés, dont il faudra obligatoirement tenir compte. Cela dans le but de ne pas sombrer dans la confrontation perpétuelle et dans un chaos qui pourrait forcément devenir inévitable si nous continuons de nous inscrire dans cette unique logique. C'est donc contre cette mise en danger de notre monde commun, que des composantes de la société, qui semblent ne pas participer à ce complot aux conséquences dramatiques, que des jeunes, dont on prend plaisir à dire qu'ils sont *"l'avenir du monde"*, se dressent contre toutes les formes d'oppressions manifestes. C'est pour cela que des femmes, parce qu'elles sont l'autre composante de la société, crient leur indignation contre les agissements réels et rampants d'étouffement dont elles sont victimes. Dans le même élan, des opprimés de tous les lieux et de tous les secteurs, sont plus que d'avis que le pouvoir de l'avilissement doit prendre fin.

Cette lutte du nombre porte des fruits parce que bien souvent, la société industrielle établie se trouve dans l'obligation de changer ses propres règles et de tenir compte de la réalité de la contestation. À sa logique d'un système enfermant s'opposent des logiques de l'argumentation, de l'humanisme, de l'ouverture, de la personnalité, de l'opposition ou de la création, portées par des réels domaines du savoir à l'exemple de l'art, de l'imagination ou de la psychanalyse. Un bloc autour de la Raison est ainsi en train de se mettre en place face à la raison instrumentale qui ramène constamment tout au matériel, au profit et à la suprématie. Ce sont toutes ces forces de changement que la philosophie critique essaie d'assembler pour certainement relever les faiblesses à corriger. L'objectif visé est d'aider à mettre en place les stratégies de révolution face à un pouvoir technique qui a imprimé au monde une image unique, celle d'une unidimensionnalité dans son évolution.

Pour la philosophie critique par contre, il y a une historicité dans la marche du monde et il nous faut tenir compte de ses conditions d'existence afin de comprendre tout ce qui est arrivé mais aussi pour se projeter dans l'avenir. Cela doit pouvoir se faire en assemblant, en recherchant, même là où on pourrait s'attendre le moins, les forces du changement. Mettre en place les stratégies de renversement de l'ordre établi et ouvrir pour chacun et pour l'univers tout entier des réelles perspectives de vie harmonieuse. *L'historicité de l'existence* rend compte du fait que toute existence a une origine et des conditions particulières qui ont favorisé sa venue. Toute analyse sur une existence donnée doit donc chercher à percevoir les conditions historiques qui l'ont favorisé et ce qui devrait être fait ou non pour la maintenir ou la changer.

Toute cette exigence est-elle capable de se réaliser face à une force technologique qui ne cesse de se renforcer afin de mener le monde là où il le souhaite, alors que l'union totale des "forces du changement" tarde à se mettre en place ? Serions-nous en train de retomber dans des politiques purement utopistes? Que dire de tous ces désirs de changement qui se manifestent partout et qui sont loin d'être utopistes ? La question ne se trouverait-elle pas plutôt du côté de comment organiser et mener radicalement la lutte pour un nouveau monde ? Quelques changements n'ont-ils pas été constatés en certains endroits et secteurs d'activités qui nous permettent de croire qu'il est possible de penser que toutes les actions menées ne sont pas vaines ? Ne devrions-nous pas plutôt voir tout ce qu'il faut mettre en œuvre pour briser le socle de la domination technique et politique ?

À toutes ces questions, il est évident que comme réponse, il faut se rappeler de tous ces changements qui s'opèrent dans l'univers technopolitique. Les choses ne demeurent pas telles qu'elles sont, malgré la massivité, l'agressivité, la manipulation de la technique. Le désir d'amélioration des conditions de vie des populations, leur désir de liberté, d'affranchissement se manifeste partout et quotidiennement là où nous nous trouvons. Ce qui traduit clairement le fait que, la forme illusoire de vie savamment saupoudrée dans laquelle la technologie semble nous avoir enveloppé ; voit chaque jour son voile résister de moins en moins, devant les coups extérieurs qui lui sont partout infligés. Les forces du changement ne cessent d'être de plus en plus nombreuses et elles se retrouvent même parmi les tenants de la politique du statu quo. Les forces rétrogradent perdent de plus en plus de terrain. Les forces du changement voient quant à elles leur nombre s'élever de plus en plus. La tendance ne saurait donc être le maintien de cette vie d'inertie jusqu'alors entretenue par une technologie dont le contrôle semble avoir marché. Mais bien une autre vision du monde dans laquelle chaque entité est avant tout reconnue d'abord comme telle et où la qualité de la vie est le principal souci. Cela est possible. De nombreuses explications l'ont démontré avec clarté et le cercle de cette existence est déjà en marche, même si, c'est peut être de façon miniaturisée. C'est bien ce qui doit tous nous motiver à maintenir la flamme de la lutte en vue de voir advenir ce monde pacifique et valorisant auquel nous avons tous droit.

CONCLUSION

Au travers des écrits d'Herbert Marcuse, nous avons voulu montrer la configuration réalisée du monde sous l'emprise de la domination technicienne. Il a paru urgent de chercher à savoir comment ce pouvoir de la technique a pu s'imposer comme principal vecteur directeur de toutes les décisions, quels que soient les secteurs d'activités. Mais aussi, comment se sont chaque fois organisées des oppositions à cette suprématie tendancieuse.

C'est à ce dernier niveau qu'il a été reprécisé le rôle que peut jouer la Théorie Critique qui constitue en fait, un véritable rempart contre toutes les formes d'oppression. Une Théorie que promeut, fort à propos, la philosophie. C'est en s'appuyant sur la philosophie en particulier et sur des concepts tels, la liberté de choix, la vérité, l'autonomie, la justice sociale, le bien-être ou l'amélioration des conditions d'existence, que Marcuse nous permet de projeter une lumière sur l'opacité du pouvoir technologique afin d'en éclairer les zones réfractaires à tout changement.

Il nous faut nous rappeler que les sociétés industrielles établies tiennent le monde. Elles le tiennent grâce à la maîtrise technologique accumulée depuis de nombreux siècles et dont la puissance est visible dans tous les domaines d'activités. Que nous soyons donc dans l'armement, la stratégie militaire, la recherche scientifique, l'économie, les finances, le développement infrastructurel, l'agriculture, la communication, les mass medias, l'industrie, la mécanisation, l'idéologie, les moyens de transports, l'enseignement, l'éducation ou la justice, les sociétés industrielles, avec à leur tête les États-Unis d'Amérique, ont imposé à l'univers tout entier un rythme technologique qui dépeint sur l'évolution du monde.

Cette forme d'évolution est en même temps, en effet, une gestion des individus, de la nature et des choses. C'est donc une politique dans laquelle, la technologie est au début et à la fin de tout. La particularité de la technologie en œuvre ici, consiste, outre à limiter notre horizon à la réalité établie, à aussi dominer, orienter toutes les actions des individus. Cela passe par une emprise totale sur la nature et la manipulation des consciences par de nombreux moyens d'endoctrinement. C'est une technologie de domination qui a pris le temps de se sédimenter, de se renforcer durant de nombreux siècles et qui a fini, grâce à de nombreux subterfuges, par nous convaincre qu'il n'y a d'autres voies possibles que celles du monde uniforme qu'elle nous propose. Elle allie donc à merveille, l'illusion de la capacité à pouvoir nous offrir tout ce dont nous avons besoin ; mais aussi, à nous faire croire qu'elle est capable de nous protéger contre toutes sortes de menaces. Pour donner une sorte d'assise à son pouvoir, elle se présente avec des aspects différents de domination.

Marcuse nous permet de relever que la technologie réussit par une sorte d'implant dans notre psychisme, à contrôler tous nos instincts. Elle arrive par ce procédé à, non seulement nous intégrer dans son univers marchand du monde, mais aussi, à faciliter notre soumission aux principes stabilisateurs de la société industrielle établie. Il s'exerce dès lors, une forme de pensée vers laquelle tous les esprits semblent converger. De sorte qu'aucune raison ne paraisse la mettre en doute. Comme le souligne Habermas, c'est une réelle,

« (...) idéologie (...) plutôt transparente qui domine implicitement à l'arrière-plan et fétichise la science la plus irrésistible et va beaucoup plus loin que les idéologies de type ancien parce que, masquant les problèmes de la pratique, elle justifie non seulement l'intérêt partiel d'une *classe déterminée* à la domination et que concurremment elle réprime le besoin partiel d'émancipation d'*une autre classe* (…) » (J. Habermas, 1985, p.55).

Ainsi, à la différence des idéologies anciennes qui imposaient de façon plus ou moins brutale une classe sur une autre, l'idéologie technicienne prend, une forme moins visible mais si réelle, qu'elle arrive à surmonter les réalités individuelles et fait admettre à tous, la nécessité de son existence, tout en justifiant les relations actuelles de dominants et de dominés comme étant la représentation de la seule logique valable. De ce fait, il semble tout à fait évident que quelques prémisses d'émancipation, d'auto-affirmation, d'identité, soient noyées ou traitées d'irréelles. C'est ce qui explique bien évidemment qu'une certaine affirmation qui considère les femmes comme une entité ou une classe à part entière, dans la société technologique, ne saurait être prise en compte. Pourtant cette situation qui a cours malgré les prétendues avancées de la civilisation et ce, au nom du projet politique de la société technologique, fait qu'elles n'ont pu être perçues que sous un certain prisme réducteur. Il est donc tout à fait justifié de souligner le fait que l'on puisse dire qu'«(…) il y a de bonnes raisons pour parler de la « femme » en tant que catégorie générale, par opposition à « l'homme » » (H. Marcuse, 1976, p.40). Ces raisons sont tout à fait visibles quand l'on voit comment l'image de la femme est utilisée dans la publicité dans un sens qui n'est pas toujours valorisant.

Il suffit pour cela de constater comment son corps est exposé pour vendre des objets ou tout simplement comment son physique est subrepticement identifié à toutes sortes de marchandises. Il y a aussi ce regard d'une société qui la préfère plus, comme "femme au foyer" et bonne pour la procréation, pour la perpétuation du genre humain. Que dire aussi de cette façon de ne parler d'elle que quand on fait allusion à la prostitution ? Comme si cette pratique aurait été possible s'il n'y avait pas les hommes aussi. On pourrait certainement mettre en doute nos affirmations en relevant le fait que cette société technologique où tout est appelé à passer sous la lumière de la transparence a fait plus pour la femme que les sociétés préexistantes. À cela, on rétorquera une fois de plus ceci : pourquoi alors les femmes qui sont les premières concernées, n'ont-elles pas forcément ce sentiment ? Combien de postes de responsabilité occupent-elles par rapport aux hommes ? Pourquoi sentent-elles constamment le besoin de se regrouper en associations de toutes sortes ? Quelle est leur influence dans l'appareil du système technologique qui décide de ce que doit être le monde ? Toutes ces questions, pour rappeler ce qu'a dit Marcuse, *"il y a de bonnes raisons pour parler de la « femme »"*. Il y a aussi cette organisation du mode de vie que nous donne à voir la société industrielle établie. Cela, au niveau même des loisirs qu'elle nous distille ou de la façon dont elle se donne à voir dans les deux prétendues puissances, à savoir le capitalisme et le communisme.

Un fait que ne cesse de nous rappeler Marcuse, c'est que la société industrielle avancée a réussi à introduire la distraction partout. Y compris dans les décès, et même qu'on "joue" maintenant à la guerre. Il suffit pour cela de voir tous ces jeux-vidéos où la guerre devient une sorte de sport. Parce qu'aucun domaine n'est épargné ; les jeux, les loisirs ont non seulement envahis tous les secteurs d'activités mais ont surtout suscités des adhésions massives plus proches du suivisme, de la mode, que d'une réelle nécessité, d'un réel choix. Ici, il semble ne plus y avoir de choix. Tout a été d'avance choisi pour nous, selon notre sexe, notre âge, notre profession ou notre catégorie sociale. C'est donc une sorte de « création de marché mondial » qui se met en place selon l'expression d'A. Nicolas (1970, p.71) et dans lequel nous finissons par être tous emportés. Le manque d'échappatoire semble tellement réel, qu'alors que d'une société à une autre, d'un pouvoir ou d'un régime à l'autre, surtout s'ils sont considérés aux divers plans de la matérialité et de moyens de contraintes, comme c'est le cas dans les États les plus puissants, l'on est en droit de penser que nous pouvons nous retrouver dans des administrations totalement opposées ; c'est bien plutôt à une sorte d'uniformité des tableaux devant lesquels nous nous retrouvons.

C'est le triomphe du pouvoir technique des finances, de l'administration, des médias ou de l'armée, qui s'impose ainsi à tous les coups et de façon univoque. C'est pourquoi « les proclamations triomphales des adeptes de l'économie de marché après la chute du mur de Berlin révèle surtout l'effarante prétention du monde capitalisme à être le monde tout entier» (A. C. Robert, 2006, p.173).Une telle prétention à vouloir obligatoirement uniformiser les réalités pourtant différentes, ne peut que créer des situations dommageables à la fois au sein des pôles de décisions, encore plus chez ceux qui se retrouvent dans une obligation de subir. Cette emprise du pouvoir de la société industrielle avancée, comme cela transparaît d'ailleurs, est au cœur du dispositif du capitalisme devenu, finalement l'unique pouvoir.

Dans ses rêves à la limite de la folie, de la déraison et non de l'utilisation réelle des potentialités ou de la découverte des mystères, le pouvoir technologique réussit le plus souvent à faire admettre ses idées grâce à un type de communication manipulateur, à une publicité de tapage imbibée de mensonges soigneusement dissimulées. Tout cela dans un langage bien approprié, en vue de faire admettre les situations les plus inadmissibles. Toute cette logique d'action cadre tout à fait avec ce qui paraît le plus propice à l'évolution technologique, c'est-à-dire le capitalisme. Les règles qui semblent militer le plus, sont celles que ne cesse de prôner la raison technique, à savoir, le contrôle de tout, la standardisation, la création de valeurs superflues, l'enfermement, l'accumulation du profit, le monopole du pouvoir décisionnel... Il ne suffit certainement pas de mettre en place un ensemble de structures technologiques, d'avoir une certaine mainmise sur les manettes du pouvoir, d'avoir façonné un monde dans lequel l'on est préparé à s'y conformer. Il faut aussi donner de soi l'image, le discours d'une certaine cohérence, d'une certaine logique en vue de renforcer son mode d'existence.

C'est ce que réussit à mettre en place la société industrielle avancée à travers des formes de réflexion qui tendent en fait à justifier sa domination. Cela remonte déjà à des références, à des écrits d'auteurs bien connus mais dont les réflexions semblent avoir favorisé le statu quo de la domination, à un ensemble de réflexions philosophiques, scientifiques et à une sorte de continuum de la domination entre la société préindustrielle et la société industrielle établie. *La société-pré-industrielle*, il convient de le rappeler, concerne toutes les sociétés qui n'ont pas encore atteint les niveaux de perfectionnement technologique des sociétés industrielles ou de l'état précédent l'avènement de la société industrielle avancée. Ce sont des sociétés supposées archaïques ou inorganisées mais sous influences constantes de l'avancée technologique à un certain degré.

Au niveau de cette deuxième articulation de nos travaux, ce sont Hegel, Marx et Freud, qui sont, dans des passages de leurs différents écrits, indexés par Marcuse. Il leur reproche d'avoir respectivement renforcé, d'une certaine façon, le pouvoir de l'État au détriment de l'individu. Marcuse critique la possibilité de la lutte des classes quand celles-ci sont toutes englobées autour du monde univoque créé par la technologie. Enfin, il y a cette dénonciation de ce que tout est mis en œuvre pour que l'individu intègre la société sans pour autant exiger de la société qu'elle s'améliore aussi, pour ne pas tant faire souffrir ses membres. A. Nicolas (1970, p.117) explique cette façon pour Marcuse de critiquer les écrits de ses prédécesseurs, comme une attitude :

« Fidèle, mais non orthodoxe, fidèle mais en complétant le devenir historique de Hegel par Marx, puis le devenir marxien par la métapsychologie de Freud, Marcuse ne saurait être enfermé dans aucun moule : il est spontanéité instinctuelle et rationnelle, le rationnel émergeant de l'instinctuel comme la forme d'un fonds qui s'informe, sous l'impulsion d'une cause finale, dont c'est la fonction du devenir historique d'en déchiffrer les virtualités pour les libérer en les réalisant ».

Cela nous permet une fois de plus de comprendre que toutes les réflexions de Marcuse sur Hegel, Marx et Freud ne constituent aucunement un rejet, mais bien une façon de relever les insuffisances qui ont pu être émises, de les dépasser, de leur permettre de s'enrichir véritablement en exploitant toutes les possibilités permettant à la liberté et à l'épanouissement individuel de pouvoir se réaliser. Il s'agit donc pour Marcuse de ne jamais ignorer l'histoire de tout ce qui est advenu. Il s'agit d'y voir les éléments qui freinent ou qui contribuent à l'amélioration des conditions de vie et tout ce qu'il urge de mettre en place en vue de créer un univers où tous les êtres se sentent chez eux.

C'est pourquoi dans la dernière partie de ce travail, un certain nombre de situations absolument inadmissibles et intenables, amènent à prendre la résolution qu'il faut faire quelque chose de méthodiquement bien organisé avec des acteurs clairement identifiés pour changer la forme dominatrice du pouvoir technologique et réaliser des objectifs tout à fait capables d'être atteints. Ce qui amène à de telles résolutions, c'est qu'il existe pour le moment une réalité de cette technologie qui semble garantir le pain, la joie et la sécurité. La réalité est qu'elle ne présente pourtant pas l'image d'une population entièrement et totalement heureuse. Dans des contrées, se présentent à la fois, des richesses insolentes, mais aussi des misères les plus inadmissibles. Ses nombreuses mesures de sécurité ne nous dispensent pas moins de la perpétration de toutes sortes de crimes, d'actes d'assassinat, de terrorisme, de guerre chaque jour, à chaque heure, chaque minute. Les accidents les plus mortels, causés sur des trafics routiers, maritimes, aériens ne se comptent plus. Des drames, liées à des mauvaises manipulations technologiques dans les usines, la nature, l'espace aérien, avec des effets réels de contamination en tous genres, font partie aussi du lot des impacts de la technologie. Des cas d'angoisses, d'individualisation, de sacrilèges, de dépravation des mœurs ne cessent de constituer son décor. Cette société industrielle qui se dit avancée, on ne sait, à partir de quels critères, semble pourtant, dans chaque domaine de la vie nous garantir l'indispensable dysfonctionnement de son système. Tous les dommages auxquels il faudra bien s'attendre. Rien ici ne semble plus surprendre.

Un parti politique guerrier et liberticide semble être préféré à celui qui prône la liberté individuelle et la fraternisation. L'initiative privée est encouragée mais les concurrents ne vont pas tous avec les mêmes avantages. On chante partout le respect des droits pour tout le monde mais des personnes ne peuvent bénéficier des droits les plus fondamentaux d'existence. La nature est considérée comme étant un bien à protéger, pourtant elle ne cesse de subir les agressions les plus inimaginables de la part de certains États, institutions, qu'on n'arrive pas toujours à punir. On a une société à forte tendance communicationnelle et publicitaire. Les droits de ces puissants canaux sont détenus par un nombre bien limité de sources d'argent qui choisissent donc pour nous, ce que nous devons consommer et ce que nous devons savoir. Pour formaliser tout cela, on s'appuie sur des domaines de réflexions, logiquement au-dessus de tous soupçons mais en réalité, eux aussi complices d'une vision partiale du monde, pour donner un semblant de cohérence et de légitimité à toutes ces pratiques dominées par l'enfermement, l'hégémonie, l'endoctrinement…Pour que tout cela marche, les individus sont déjà, au niveau de l'éducation familiale, à l'école, dans les échanges de la vie, en société, au travail, dans les rues, dans les medias, dans tout l'appareil de fonctionnement de l'État, d'avance mis en condition d'accepter uniquement la réalité de la société technologique telle qu'elle se donne à voir. La procédure semble d'ailleurs assez bien menée puisque la majorité de la population ne semble pas être celle qui s'oppose à la société technologique établie telle qu'elle se présente.

Ainsi, au niveau de la masse, le pouvoir de la technique semble emporter le dessus de l'adhésion. Cela est aussi une justification qui semble valable pour qu'il se déporte partout dans l'univers et surtout dans ces États considérés comme étant arriérés, et qui se retrouvent dans le vaste univers des pays industriellement moins avancés. Là-bas, la société industrielle établie, ne semble pas avoir besoin de trop d'arguments pour s'imposer. Elle incarne la suprématie de la force, du pouvoir matériel, financier et se présente comme un modèle auquel semblent d'ailleurs aspirer ces pays qu'on éblouit avec des images mirobolantes, grâce à des mass medias à la fonction bien définie. Pour tous ces facteurs, la société industrielle, qu'elle soit avancée ou établie, s'arroge un certain droit de gouvernance dans des localités éloignées, pourtant sous sa coupole dominatrice.

Une réalité demeure toutefois, le système technique laisse transparaître quotidiennement de nombreuses tares. Cela se voit d'ailleurs à travers un certain nombre de contradictions, de faussetés, de mensonges et un nombre impressionnant d'aspirations insatisfaites. De telle sorte que des colères finissent par monter. Des oppositions de tous ordres se font sentir. Des contestations réelles se manifestent et des luttes véritables sont engagées. L'objectif qui est visé ici, c'est de mettre à nu d'abord tout le mode de fonctionnement de cette société industrielle de domination qui se donne pourtant une image contraire. La technologie, grâce à laquelle elle réussit à se donner l'image d'une certaine cohérence et de nombreuses offres pour la société et la nature, est dans ses moindres détails regardée de plus près. Ce qui est constaté, c'est que les promesses de la technologie ne sont pas pour la plupart tenues. Des enjeux et des idéologies économiques d'intérêts, de profits, de domination, d'endoctrinement, les guident à un niveau tel que le résultat pour les individus, les communautés et les couches professionnelles ne peut être qu'un confinement dans une réalité qui empêche tout changement et qui perpétue toutes sortes de formes liberticides. Tout cela ne peut donner qu'un sentiment d'indignation, de révolte et de volonté de changement. C'est ce cri d'indignation collective que lance à propos S. Hessel (2010) en exhortant en ces termes :

« Indignez-vous de ne pouvoir rien offrir de mieux à vos enfants que l'angoisse des années à venir et notre capitulation devant l'horreur qui leur est promise.

(…) Indignez-vous, les raisons sont nombreuses, innombrables et leur nombre seul suffit à révéler l'iniquité, l'injustice, la faillite de la société que l'on voudrait nous voir cautionner, l'imposture d'un Etat qui refuse de dire son nom, d'une économie qui refuse de révéler ses fins, d'une démocratie dévoyée qui a épuisé ses fonctions historiques.».

Le sentiment d'indignation est plus que justifié devant le gouffre que les erreurs du capital, de son économie supposée libérale mais contraignante en fait, nous imposent continuellement. Oui, il nous faut en effet, refuser de nous taire quand l'avenir est remplacé par l'angoisse. Il faut refuser que les errements de la société industrielle avancée nous conduisent dans des crises à répétition où la dignité et la liberté humaine est piétinée, violée. La liberté, l'épanouissement personnel, la manifestation des désirs individuels, l'imagination, le rêve, le bien-être quotidien… Sont des aspirations tellement essentielles, enfouies dans l'âme de tout individu, qu'il serait absolument impensable de croire qu'un jour, comme au temps des révolutions, des guerres de libération, l'on puisse ne pas s'imaginer la remise en cause de cette réalité de domination et les actions à entreprendre pour son changement. Dans cette aspiration légitime pour qu'un changement se fasse au bénéfice de la qualité de la vie, il existe un certain nombre d'acteurs principaux qui se retrouvent dans de nombreuses couches, à la fois sociales, professionnelles et dans des domaines du vaste chantier que constitue le savoir tout entier. Il existe, sans aucun doute les exclus du système technologique, qui, il ne faut pas se leurrer, ne désirent en aucune façon leur intégration dans ce monde qui légalise l'illégitime.

Il y a aussi les exclus de certaines couches sociales bien identifiées, des jeunes, des femmes, des travailleurs de différents secteurs d'activités, des ingénieurs, des professionnels éclairés de la communication, des psychanalystes, des artistes et surtout des philosophes, qui pensent que le temps est venu pour nous tous de mettre fin à cette situation d'enlisement collectif dans laquelle nous plonge de façon effroyable la technologie. On pourrait dès lors parler de l'invention de nouveaux modèles de vie qui accorderaient en priorité de l'importance aux valeurs universelles, à la fois au bénéfice de l'individu et de la nature. Les moyens naturels et physiques en vue de la réalisation des ces objectifs existent. Les raisons qui militent en faveur d'une remise en cause de l'ordre établie et des stratégies qu'il faut adopter pour mener cette lutte de libération existent aussi, non pour une classe sociale donnée mais pour la société tout entière. C'est d'ailleurs la tâche principale que se donne la philosophie critique lorsqu'elle s'investit dans l'existence concrète des individus, dans la vie des animaux, des plantes, de la nature tout entière.

Rien n'est sans intérêt pour la philosophie critique, qui à propos, fait de la praxis, de cette philosophie qui met donc au cœur de ses actions, la théorie et la pratique en vue d'impulser le changement, son principal mode opératoire. Que vaut en fait la philosophie, alors qu'elle est censée s'intéresser à l'ensemble de la connaissance, qui regroupe à la fois le physique et le métaphysique, à l'être dans tout ses compartiments, de les laisser sous l'influence de pratiques, à l'exemple de celles exercées par la technologie, c'est-à-dire, à leur étouffement, leur confinement, leur dénaturation continuelle ? La vie peut être mieux que ce que la technologie actuelle nous donne à voir. C'est pourquoi la philosophie a le devoir de faire ressortir toutes ces possibilités qui devraient pouvoir advenir dans l'existence concrète et qu'une massivité industrielle et capitaliste tente d'étouffer par tous les moyens. La philosophie critique, qui a fait le pari de mener la lutte de libération et de l'épanouissement dans tous les domaines, nous montre, en étant aux côtés des masses souffrantes, en dévoilant le faux jeu de la technologie de domination, en nous indiquant les horizons meilleurs qui peuvent être les nôtres et en réfléchissant aux moyens pour mener le combat, que tout est encore possible. La critique à laquelle s'adonne ici la philosophie est tout sauf une vision pessimiste des choses, une présentation apocalyptique du monde, mais bien une vision claire et réaliste de ce que la technologie a fait de la gestion de l'univers tout entier.

Toujours, dans cette même voie, le philosophe, après nous avoir clairement indiqué ce dans quoi nous sommes techniquement et donc politiquement engagés par le monde industriel, nous ouvre en même temps les chemins de l'espérance, de ses boulevards si vastes et à notre portée qu'un aveuglement technologique nous empêche pourtant de les voir. Le rôle de la philosophie, ce n'est pas seulement de combattre les injustices mais de donner aussi, un nouveau cap à la vie, à l'existence. Une existence qui, malgré toutes les potentialités dont elle regorge, n'arrive pas à s'en servir parce que victime d'une sorte d'accaparement irrationnel qui s'est établi tout autour d'elle. Il nous faut peut-être savoir que :

« Si l'on veut construire une maison à la place d'une prison, il faut d'abord démolir la prison, sinon on ne peut même pas commencer à construire la maison (…) » Et pour que cette réalité nouvelle ne soit pas un simple vœux, «(…) il n'est pas indispensable d'avoir déjà le plan détaillé de la maison, pourvu qu'on ait l'intention et la force de mettre une maison à la place de la prison, et qu'on sache aussi (…) de quoi doit avoir l'air une maison décente » (H. Marcuse, 1968, p.86).

Quand on se donne l'objectif de lutter pour le bien-être des populations, de satisfaire aux besoins individuels, de veiller sur la nature, ce qui est plus important, c'est de mettre en chantier tous ces programmes. C'est de montrer que chacun de nos actes, de nos pas, vont dans le sens palpable de ce qu'on dit, de ce qu'on clame, de l'annihilation définitive de l'horreur pour le remplacer par les valeurs de la vie. Tout cela nous amène à comprendre «pourquoi il faut lire et relire Marcuse, l'homme pour qui la résignation seule est ringarde. Résignation qui nous interdit de saisir cette coalition du patient et du rauque qui forge la splendeur de l'individuation humaine » (G. Châtelet, 2011, monde-diplomatique.fr). La résignation n'est autre que l'inertie et le début de la mort pour soi, bien évidemment, mais aussi pour l'ensemble d'une humanité unique que le pouvoir de la division s'efforce de disperser. Il nous faut, dans la lutte qui est menée, lier le national à l'international. Dans son ouvrage, *Jamais Résignés,* P. Gingold (2013, p.167) nous fait partager à propos, sa propre expérience, « En tant qu'internationaliste, il est de mon devoir d'être solidaire avec les mouvements progressistes des autres pays et de les soutenir, et au final, cela est bénéfique pour mon propre pays ».

L'espoir d'un mieux-vivre est bien à notre portée si l'action guide chacun d'entre nous. Il nous faut vivre et agir dans cette perspective existentielle pour mener et remporter tous ces combats qu'une nébuleuse tente de nous les voiler à travers ses artifices.

Ce ne sont pas de belles et profondes paroles qu'exprime la philosophie. La lutte qu'elle mène depuis toujours commence à porter des fruits et cela montre bien que ce qu'elle dit, est plus proche de la réalité que celle peu irréelle dans laquelle la société technologique veut à tout prix nous maintenir. Les différentes contestations qui se manifestent partout dans le monde. Le refus pour certains dirigeants politiques de continuer à accepter la gestion conservatrice habituelle qui a toujours eu cours. Le fait que des régimes solidement implantés, chancellent sous la pression des peuples. Les crises répétées que nous donne à voir le capitalisme et qui prouvent qu'il n'est pas le monde sans histoires qu'il a toujours laissé croire, nous prouve une chose : le changement est possible et cela même dans le pays le plus puissant du monde, les États-Unis.

Dans ce pays, porte-flambeau de la lutte pour les droits civiques mais aussi de la technologie mondiale, des voix s'élèvent de plus en plus pour faire plier les principes du conservatisme, pour renforcer la protection des minorités, accorder toute sa place à la sexualité, se sentir concerné par ce qui se passe ailleurs sans chercher forcement en en tirer un bénéfice matériel. Un mouvement des indignés, en plein XXIe siècle, déambule dans les rues de plusieurs États américains, capitales européennes, africaines et asiatiques. Ce mouvement remporte des lauriers politiques en dirigeant les manettes des pouvoirs de décisions, en influant et réorientant l'administration technologique pour la rendre chaque jour plus humaine. Mais les effets semblent jusqu'alors très peu perceptibles pour la majorité de la population.

Tout cela pour dire que l'alerte marcusienne d'une remise en cause du pouvoir de la technique est certes tout à fait légitime. Mais la stratégie de la lutte pour l'avènement d'un changement radicale, quoique prometteuse, demeure encore très loin des espérances attendues, surtout face à l'urgence de la situation actuelle, de la gestion technologique du monde. Ce qui veut donc dire qu'il faut, soit changer de stratégie, soit la renforcer.

Pour notre part, nous pensons qu' il serait tout à fait préférable d'apporter un appui supplémentaire à la réflexion marcusienne dont les acquis pour un monde plus libre, plus juste, plus harmonieux, demeure indéniable quoiqu'une impérieuse nécessité de la compléter, de la rendre plus efficace et partagée reste encore justifiée.

C'est en ce sens que nous pouvons penser que les écrits de Marcuse accordent certainement trop de tâches à la philosophie. Donnent trop de pouvoir à l'emprise technologique et font très peu de places par exemple aux religions ou à tous ces milieux qui militent en faveur de la fraternité et du respect de la nature.

C'est pourquoi, il convient de partager les tâches, d'associer toutes les sources, les noyaux capables d'opérer le bon qualitatif et non de laisser croire qu'une lutte est engagée par une partie de la classe sociale contre une autre partie. Il nous faut aussi nous interroger sur le caractère trop impersonnel accordé au pouvoir de la technique et nous demander si dans le fond, ce ne sont pas après tout, des individus qui sont au cœur de ce système et chercher à savoir comment il conviendrait de pouvoir les toucher quels qu'ils soient, ce qu'ils représentent, afin de les impliquer tous dans le changement tant espéré.

À titre d'exemple, il nous faut, peut-être, saisir l'importance d'une discipline comme *la bioéthique* qui fait précisément appel à une interdisciplinarité pour tout ce qui concerne, entre autres, des sujets liés à l'éthique. Ce qui signifie dans ce cas donc, que pour définir une véritable éthique du travail, des rapports individuels, des pratiques médicales ou de l'environnement ; la bioéthique ne saurait se limiter à l'énonciation des grands principes à respecter et à appliquer comme étant, en priorité du ressort de la philosophie. Mais bien de se servir de toutes les compétences capables de permettre la manifestation d'un réel débat sur le sujet, pouvant aboutir à des résultats durables. L.M. Poamé (2008, p. 15) nous explique que:

« Il y a donc un type de recherche structuré par un type de rationalité ou de savoir que vise la bioéthique. Ce type de rationalité est la rationalité technique et le type de savoir, un savoir opératoire-manipulateur qui tranche radicalement avec le savoir essentiellement logothéorique».

Ce qui nous amène à retenir que toute activité de recherche dans quelque domaine que ce soit, ne saurait être admise comme telle si elle n'est pas elle-même évaluée selon son impact éthique sur la société. Des résolutions ou des décisions à la suite d'un certain nombre d'activités théoriques, suffisent-elles d'être mises en chantiers si elles ne sont pas au préalable, soumises elles aussi à une sorte d'inventaire ? N'est-ce pas la fameuse question qui consiste à savoir qui juge les juges qui reprend ainsi toute son importance ? Une réponse à ces interrogations peut être saisie dans cette pensée de G. Hottois cité par L. M. Poamé (1997, p. 44), qui relativise les positions catégoriques en soulignant que :

« Tous les hommes devraient apprendre aujourd'hui à vivre à deux niveaux : celui, d'une part, de leurs convictions morales, identités, appartenances communautaires personnelles et particulières ; celui, d'autre part, de la morale formelle universelle, qui invite à relativiser le premier niveau et qui consiste dans le respect de l'autonomie d'autrui».

Il nous faut donc tenir compte des individualités, de toutes les individualités, quelles soient constituées de celles avec qui on a en partage un certain nombre d'idéaux ou de celles qui semblent s'opposer à notre vision du monde. En même temps, il s'agit de ne pas s'enfermer dans une sorte de suprématie aveuglante qui pourrait nous amener à ne pas voir les valeurs que renfermerait l'autre.

Finalement, on peut admettre avec G. Raulet (2003, P. 49) qui s'appuie sur la pensée habermasienne qu'« une politique de reconnaissance doit passer par un combat communicationnel pour que les identités et les critères soient définis de façon réellement dialogique et de la manière la plus égalitaire possible ». C'est en effet, encore un combat à mener que de relativiser les positions et permettre plutôt que des échanges se fassent entre les identités, de façon, non plus hiérarchisée, mais égalitaire. La meilleure stratégie de combat ici n'incomberait pas en priorité à la philosophie mais à toutes les particularités avec lesquelles un dialogue doit être établi dans un cadre qui favoriserait un réel enrichissement et des propositions multiples, desquels on pourrait certainement créer une société réellement harmonieuse.

Ce qu'il y a donc à retenir, c'est que l'initiative de la lutte, de la stratégie et du changement ne saurait incomber en priorité à la philosophie mais à toutes les sources de pensées, les spécialistes et ou les couches sociales capables de donner un avis sur des sujets dont la portée engage l'ensemble des populations et de la nature. Si l'on lutte pour une société multidimensionnelle où le pouvoir technologique ne saurait être le seul qui règne, il importe conséquemment de tenir compte des diversités afin que des politiques plurielles puissent réellement éclore.

Dans un autre registre, il semble se profiler dans les explications de Marcuse une certaine autonomie de la technologie, qui laisse donc présager une sorte de techno-suprématie à laquelle nul ne peut échapper, si ce n'est de se soumettre. Pire, tout semble s'inscrire dans une sorte de trappe sans fin, à laquelle personne ne peut échapper. Ce qui donne de la technique et de son projet politique, un pouvoir plus qu'entier et total face auquel rien ne semble résister. Ainsi, que ce soit dans la politique, l'administration, la production des biens de consommation, l'exploitation de la nature, la sécurité, l'éducation ou la communication ; la technique semble tellement omniprésente que rien ne paraît envisageable en vue de renverser la tendance. Le pouvoir politique semble toujours être entre les mains des mêmes partis politiques. La standardisation des programmes administratifs, de développement se perçoivent dans la majorité des activités étatiques. On produit les mêmes biens de consommation en masse partout sur le globe. La nature est constamment violée selon des nécessités qui restent encore à prouver. La sécurité est partout considérée comme une exigence. Les programmes éducatifs de renforcement du statu quo de la société sont presque tous les mêmes. Les médias sont de plus en plus envahissants et diffusent les mêmes sujets. Face à tout cela, une sorte d'impuissance semble se dégager et amène H. Marcuse (1968, p.20) à affirmer qu' «en présence des grandes réalisations de la société industrielle avancée, il semble que la théorie critique ne puisse plus justifier rationnellement la nécessité de transcender cette société».Ce constat tient du fait que le système technologique n'épargne aucun secteur d'activité, aucun domaine du savoir, aucun espace de l'univers. Face à un tel pouvoir enveloppant, rien ne semble réellement permettre de penser que la société industrielle avancée puisse véritablement changer de cap. Pourtant, aussi paradoxalement que cela puisse paraître, Marcuse, dans les soutiens qu'il recherche partout en vue d'une amélioration des conditions d'existence, fait appel aux ingénieurs, à des hommes de sciences, en vue de voir dans quelles mesures, ceux-ci peuvent aider à créer une société qui fasse rêver et non un monde essentiellement contraignant, de labeur et de profit. Mieux, une activité technique telle l'automation dans certaines parties de l'industrie, constitue pour Marcuse, une réelle possibilité d'épanouissement du travailleur, dont le temps ne serait plus entièrement englouti par son activité mais, mis au profit de loisirs réellement désirés.

Finalement, Marcuse présenté comme un critique de la technique n'a rien à avoir avec la technophobie, le technopessimisme mais peut être plutôt perçu comme un technoréaliste. C'est peut être sur ce dernier point qu'il nous faut saisir les changements possibles au sein même de l'appareil technologique qui, il ne faut pas l'oublier, n'en demeure pas moins, avoir en son sein, des individus capables de réorienter sa direction politique, militaire, financière ou administrative.

Nous ne sommes pas à l'heure de la robotisation totale et peut-être que nous n'atteindrons jamais un tel état de fait, tant que des hommes et des femmes toujours actifs existerons. Des hommes et des femmes dont les décisions comptent dans l'appareil technique. C'est pourquoi, il ne faut pas uniquement stigmatiser tout le pouvoir de la technique mais il nous faut voir aussi dans quelles mesures, les individus qui exercent ou qui décident en son sein, sont capables de lui imposer un sens politique qui soit libérateur plutôt que dominateur.

Il est vrai que le système technologique a son mode de fonctionnement, ses grands principes de réalisation. Il est tout aussi vrai que face à des situations évidentes de crises réelles, liées soit à un dysfonctionnement ou à des erreurs de projection, ce n'est pas tant le système lui-même qui se repositionne mais bien souvent des décisions techniquement humaines, selon des secteurs d'activités, qui sont prises, pour recadrer les actions à mener. On ne peut, en ce sens, raisonnablement dire que la technique est un pouvoir impersonnel. On ne peut dire qu'elle régit seule la vie des personnes sans que celles-ci n'aient quelque chose à dire. Quelle que soit la communauté à laquelle nous appartenons, nous subissons d'une manière ou d'une autre les effets imparfaits de la déviation technique. Cela revient donc à toutes les formes de pression, d'impulser un nouveau souffle, une meilleure forme d'existence dont les bénéfices ne peuvent que rejaillir sur l'ensemble de la population. C'est pourquoi il ne s'agit plus par exemple de dire qu'il faut suivre le rythme de *"la mondialisation"*, parce que ce serait une évolution normale à laquelle il faut se conformer mais il relève d'un devoir de s'interroger. En ce sens, « la vraie question, ce n'est pas d'être pour ou contre la mondialisation ; c'est de savoir quel type de mondialisation nous voulons » (A. Comte-Sponville, 2004, p.189*)*.Une façon de dire que face aux exigences techniques, il y a toujours un avis à donner ou mieux, une décision à prendre à la fois au sein même des pratiques techniques ou en dehors. Cela, à l'effet de ne pas être englouti par un système que nous avons contribué à mettre en place et qui risque, s'il n'y a aucun contrôle, aucun garde-fou, s'autodétruire, détruire l'univers tout entier.

La technique et le pouvoir qu'il incarne n'est pas tant autonome que rien ne saurait se mettre au travers de son évolution. Que ce soient, ceux qui exercent au sein de l'appareil technologique, ceux qui le financent ou même ceux qui n'en font partie, tous se retrouvent à un moment ou à un autre devant la responsabilité de se prononcer et d'agir par rapport à son orientation. Il s'agit là d'une exigence de survie. À la fois pour l'appareil technologique qui ne saurait évoluer indéfiniment selon son propre mode et de l'humanité, qui ne saurait juste subir ce fonctionnement.

Enfin, il faut certes continuer d'accorder son importance et sa capacité à la transcendance comme ne cesse de le rappeler Marcuse. Mais, bien entendu, à toute la transcendance, à l'Être Suprême, à Dieu, dont bon nombre de religions ne cessent d'exposer son message d'amour, de fraternité, de partage, de justice, de respect de la nature, de l'univers tout entier. Des résultats auxquels aspire la philosophie marcusienne aussi. Une armée ne peut décider de se passer de certaines armes alors qu'elle aspire à gagner la guerre contre un ennemi qui lui conserve toutes ses armes.

BIBLIOGRAPHIE

ACEMOGLU Daron et ROBINSON James A., 2015, *La faillite des nations, les origines de la puissance, de la prospérité et la pauvreté*, trad. Philippe Aghion, Genève, Markus Haller.

ADORNO Theodor Wiesengrund, 1978, *Dialectique négative,* trad. Collège de philosophie, Paris, Payot.

ADORNO Theodor Wiesengrund, 1976, *autour de la théorie esthétique, parilipomena, introduction première*, traduit par Marc Jimenez et Eliane Kaufholz, Paris, Klincksiek.

COMTE Auguste cité par DUVERGER Maurice, 1966, *Sociologie politique*, Paris, PUF.

AMBACHER Michel, 1969, *Marcuse et la civilisation américaine*, Paris, Aubier-Montaigne, Coll. R.E.S.

ARENDT Hannah, 1972, *Du mensonge à la violence,* traduit de l'anglais par Guy Durand Paris, Calmann-Lévy.

ARISTOTE, 1953, *Les parties des animaux, livre IV,* trad. Le Blond, Paris, Aubier.

ARISOTE, 1961 *De la génération des animaux,* Texte établi et traduit par Pierre Louis, *Paris,* Les Belles Lettres.

BACCOUCHE Nasser, 1990, « « Les intellectuels techniciens » ou le mythe professionnaliste : éléments critiques », *Égalité, Moncton*, 1990, numéro vingt-sept, p.117.

BAUDELAIRE Charles, 2014, *Les Fleurs du mal*, Paris, Ilivri.

BLANCHOT Maurice, 1958, *« Le refus », Le 14 juillet,* Paris, *n°2.*

BORDAS Encyclopédie, 1983, « la sorcellerie », Paris, Bordas, p. 234.2, B, C.

BOURDIEU Pierre, 1996, *Sur la télévision, suivi de l'emprise du journalisme*, Paris, Liber éditions.

BOURGIN Georges et RIMBERT Pierre, 1986, *Le Socialisme,* Paris, PUF, coll. Hyperlink.

BREHIER Emile, 1981, *Histoire de la philosophie, antiquité et moyen âge*, Paris, PUF.

BREHIER Emile, 1991, *Histoire de la philosophie III/ XIXe-XXe Siècles*, Paris, PUF.

BROQUA Christophe et DOQUET Anne, « Penser les masculinités en Afrique et au-delà », *Cahiers d'études africaines* [En ligne], 209-210 | 2013, mis en ligne le 06 juin 2015, consulté le 26 mai 2017. URL : http://etudesafricaines.revues.org/17229

CHATELET Gilles, 2011, Relire Marcuse pour ne pas vivre comme des porcs *http://www.monde-diplomatique.fr*, 10 février 2011 à 11h52.

COMTE-SPONVILLE André, 2004, *Le capitalisme est-il moral ?* Paris, Albin Michel.

COTTEN Jean Pierre, 1969, Paris, *La Nef,* n°36, janvier.

COUCHOUD Silvia, *Mathématiques Égyptiennes. Recherches sur les connaissances mathématiques de l'Égypte pharaonique,* Paris, édition Le Léopard.

CUSSET Yves et HABER Stéphane, 2002, *Le vocabulaire de l'école de Francfort,* Paris, Ellipses.
DELEDALLE Gérard, 1987, *La philosophie américaine,* Bruxelles, De Boeck-Wesmael S.A.

DESCARTES René, 1637, *Discours de la méthode*, Paris, éd. Pléiade.

DORAY Pierre, 2015, « Technologie », *Sciences, technologies et sociétés de A à Z,* Montréal, Les Presses de l'Université de Montréal, pp.228-231.

DOSSO Faloukou, 2015, *L'universalisation de la démocratie, vers la Théorie habermassienne de la démocratie ?* Paris, L'Harmattan.

DUPUIS-DERI Francis, 2008, « Herbert Marcuse altermondialiste ? Penser l'opposition radicale à la mondialisation néolibérale », *Variations, revue internationale de théorie critique*, Paris, printemps 2008, p.63.

DUVERGER Maurice, 1966, *Sociologie politique*, Paris, P. U. F, 1966.

DWORKIN Ronald, 2005, *La vertu souveraine*, trad. Jean-Fabien Spitz, Bruxelles, Bruylant,

ENGELHARD Philippe, 2012, *L'internet change-t-il vraiment nos sociétés*, Paris, L'Harmattan.

ELLUL Jacques, 1988, *Le bluff technologique*, Paris, Hachette.

FANON Frantz, 1961, *Les damnés de la terre,* Paris, 1961, Maspero.

FAUCHER Luc, 2015, « Théorie scientifique » *Sciences, technologies et société de A à Z*, Montréal, Les Presses de l'Université de Montréal, pp. 237-241.

FIÉ Doh Ludovic, 2011, *Le paradoxe de l'œuvre d'art : Contribution francfortoise à la critique de la modernité*, Abidjan, Revue Baobab : Numéro 8, premier semestre in http://www.revuebaobab.org/content/view/140/33/ consulté 15 juin 2016 à 9 heures 03 minutes.

FREUD Sigmund, 1965, *Introduction à la psychanalyse*, trad. S. Jankelevitch, Paris, Petite Bibliothèque Payot.

FREUD Sigmund, 1970, « *Psychologie de la vie amoureuse* », *la vie sexuelle,* trad. Berger Laplanche, Paris, PUF.

GALBRAITH John Kenneth et SALINGER Nicole, *Tout savoir ou presque sur l'économie*, trad. Mannoni, Olivier, Paris, Seuil, 1981.

GINGOLD P, 2013, *Jamais résignés !* Trad. Marie Marhuenda, Anne-Marie Viselthier et Estelle Gingold, Paris, l'Harmattan.

GRAMSCI Antonio, 1975, *Œuvres choisies*, trad. G. Moget, Paris, Librairie Rousseau.

HABERMAS Jürgen, 1973, *La technique et la science comme « idéologie »*, trad. Jean-René Ladmiral, Paris, Gallimard, 1973.

HABERMAS Jürgen, 1985, *Après Marx,* trad. Jean René Ladmiral et Marc B. de Launay Paris, Fayard.

HABERMAS Jürgen, 1974, *Profils philosophiques et politiques*, traduit par Françoise Dastur, Jean-René Ladmiral et Marc B. De Launay, Paris, Gallimard.

HARDT Michael et NEGRI Antonio, 2000, *Empire,* trad. Denis-Armand Canal, Paris, 10/ 18.

HEGEL Georg Wilhelm Friedrich, 1965, *La raison dans l'histoire*, trad. K. Papaionnou,
Paris, Plon.

HEGEL Georg Wilhelm Friedrich, 1998, *Principes de la philosophie du droit*, trad. Jean-François Kévergan, Paris, PUF

HEIDEGGER Martin, 1958, « *La question de la technique »in Essais et Conférences,* trad. André. Préau, Paris, Gallimard.

HEIDEGGER Martin, 1950, *Chemins qui ne mènent nulle part*, trad.W. Brokveir, Paris, Gallimard

HENRIOT Jean-Jacques, 1982, *L'enfant, l'image et les media*, Paris, Editions SDT.

HESSEL Stéphane, 2010, *Indignez-vous*, Paris, Indigène éditions, coll. Ceux qui marchent contre le vent.

HESSEL Stéphane, 2013, *À nous de jouer ! Appel aux indignés de cette terre*, Paris, Autrement.

HORKEIMER Max, 1974, *Théorie traditionnelle et théorie critique*, trad. E. Kaufholz, Paris, Gallimard.

HORKHEIMER Max, 1974, *Théorie traditionnelle et théorie critique*, Trad. C. Maillard et S. Muller, Paris, Gallimard.

HORKHEIMER Max et ADORNO Theodor, 1974, *La dialectique de la raison*, trad. E. Kaufholz, Paris, Gallimard.

HOTTOIS Gilbert, 1997, *La philosophie des technosciences,* textes rassemblés par Lazare M. Poamé, Abidjan, Puci.

HINSHELWOOD Robert, 2009, « Refoulement et clivage : Esquisse d'une méthode comparative des concepts », L'Année psychanalytique internationale, 2009/1 (Volume 2009), p. 83-105. DOI : 10.3917/lapsy.091.0081. URL: http://www.cairn.info/revue-l-annee-psychanalytique-internationale-2009-1-page-83.htm

JIMENEZ Marc, 1997, *Qu'est-ce que l'esthétique ?*, Paris, Gallimard.

KOUASSI (Yao- Edmond, 2014, *Colonisations et société civile en Afrique*, Paris, L'Harmattan.

LACHAUD, Jean-Marc, 2003, « *De la fonction critique de l'art aujourd'hui », Où en est la théorie critique*, Sous la direction d'Emmanuel Renault et Yves Sintomer, Paris, La découverte, p. 269-277.

LAROUSSE, 2003, *Grand Dictionnaire de Philosophie*, Paris, Larousse.

LERICHE Anne-Marie, 2017, « Dénégation », *Encyclopædia Universalis* [en ligne], consulté le 23/06/2017. URL : http://www.universalis.fr/encyclopedie/denegation

MARCUSE Herbert, 1932, « Nouvelles sources sur la fondation du matérialisme historique », Gessellschaft éditée par Rudolf Hilferding, L'École de Francfort, trad. Lilyane Deroche-Gurcel, Paris, PUF, p.536

MARCUSE Herbert, 1970, *Culture et société*, trad. Gérard Billy, Daniel Bresson et Jean- Baptiste Grasset, Paris, Minuit.

MARCUSE Herbert, 1963, *Le marxisme soviétique* : essai d'analyse critique, trad. de l'anglais par Bernard Cazes, préf. de l'auteur, Paris, Gallimard.

MARCUSE Herbert, 1976, *Actuels*, trad. Jean-Marie Menière, Paris, Galilée.

MARCUSE Herbert, 1963, *Eros et civilisation*, traduit par Jean – Guy Nény et Boris Fraenkel, Paris, Minuit.

MARCUSE Herbert, 1979, *La dimension esthétique*, traduit par Didier Coste, Paris, Seuil.

MARCUSE Herbert, 1969, *Philosophie et révolution*, traduit de l'allemand par Cornélius Heim, Paris, Denoël.

MARCUSE Herbert, 1968, *Raison et révolution, Hegel et la naissance de la théorie sociale*, trad. Robert Castel et Pierre-Henri Gonthier, Paris, Minuit

MARCUSE Herbert, 1968, *La fin de l'utopie*, trad. Liliane Roskopf et Luc Weibel, Paris, Seuil, 1968.

MARCUSE Herbert, 1968, *L'homme unidimensionnel*, traduit par Monique Wittig, Paris, Minuit, 1968.

MARCUSE Herbert, 1972, *L'ontologie de Hegel et la théorie de l'historicité*, traduit de l'allemand par G. Raulet et H. A. Baatsch, Paris, Minuit.

MARCUSE, 1969, *Vers la libération: au-delà de l'homme unidimensionnel,* trad. Jean-Baptiste Grasset, Paris, Minuit.

MANSSON Sven Axel, 2004, « Les clients des prostituées : le cas suédois », https// :www.cairn.info/revue-mouvements, pp.1-64.

MARX Karl, 1963, *Travail salarié et capital*, Paris, La Pléiade, Œuvres.

MARX Karl, 1967, *Le Capital,* trad. J. Roy, Paris, Gallimard, « la Pléiade ».

MARX Karl, 1982, « *Thèses sur Feuerbach, VIII* », Œuvres III : Philosophie, éd. M. Rubel, Gallimard, La Pléiade, Paris.

MASSET Pierre, 1969, *La Pensée de Herbert Marcuse,* Paris, Privat Éditeur, 1969.

MIMICA Cranaki, 1972, « *Préface* », *L'ontologie de Hegel et la théorie de l'historicité*, trad. Gérard Raulet et Henri- Alexis Baatsch, Paris, Minuit.

MILLMAN Joel, 2002, Les autres américains, comment les immigrés renouvellent notre pays, notre économie et nos valeurs, trad. Viking Penguin, Paris, Nouveaux Horizons.

NICOLAS André, 1970, *Marcuse ou la quête d'un univers trans-prométhéen,* Paris, Seghers.

NOBLECOURT Christian Desroches, 2006, *Le fabuleux héritage de l'Égypte,* Paris, éditions Pocket.

OKAMBAWA SJ, Wilfrid Kolorunko, 2008, *Le pardon une folie libératrice,* Abidjan, UCAO.

KOSTAS Papaioannou, 1999, *Hegel et Marx : l'interminable débat*, Paris, Allia.

PALMIER Jean-Michel, 1976, « Portrait d'Herbert Marcuse », Actuels, trad. Jean-Marie Menière, Paris, Galilée, pp.95-103.

PERIVIER Hélène, 2009, *« Les femmes sur le marché du travail aux États-Unis. Évolutions mises en perspective avec celles de la France et de la Suède»,* Revue de l'OFCE

1/2009 (n° 108), p. 49-84 URL : www.cairn.info/revue-de-l-ofce-2009-1-page-49.htm. DOI : 10.3917/reof.108.0049

PERROUX François, 1958, -*La coexistence pacifique*, Paris, PUF, vol.III.

PRECHT Richard David, 2012, *L'art de ne pas être un égoïste. Pour une éthique responsable*, trad. Pierre Deshusses, Montréal, Québec, Belfond.

RAULET Gérard, 1978, « Pour une reconstruction de la Théorie Critique », « L'intégration des valeurs de la Critique », *Marxisme et théorie critique*, Paris, Payot, pp. 101-148.

RAULET Gérard, 2003, « l'aporie de la théorie critique. Les stratégies de renouvellement du noyau théorique », *Où en est la théorie critique,* Paris, La Découverte, p. 49.

ROBERT Anne-Cécile, 2006, *L'Afrique au secours de l'Occident,* Paris, Les Éditions Ouvrières

SAINT PAUL APOTRE, 1999, « *lettre aux Romains »,* La sainte bible, traduction française d'après les textes originaux hébreux et grecs, Paris, Société biblique internationale, version du Semeur, p. 1216, chap. 13, vers. 1-2

SALIFOU Amara, 2016, « La philosophie de l'art chez Marcuse: un désengagement engagé », *Perspectives philosophiques*, Abidjan, Volume VI, numero 12, pp.50-69.

SALIFOU Amara, 2016, « Marcuse pour une critique de l'économie politique au-delà de Hegel et Marx », Revue ILENA, Sociétés/Civilisations, Abidjan, pp.207-221.

SALIFOU Amara, Lecture marcusienne des exclusions en contexte capitaliste : le cas des États-Unis, 2017, Paris, Edilivre.

SAVADOGO Mahamadé, 2012, .*Penser l'engagement*, Paris, L'Harmattan

SIMONDON Gilbert, 1951, *Du mode d'existence des objets techniques,* Paris, Aubier.

SYLLA Lanciné, 2007, *Anthropologie de la paix, de la contribution de l'Afrique à la culture de la paix,* Abidjan, ed. Cerap.

VALERY Paul, 15 juin 1925, *« Sur la crise de l'intelligence »,* la Revue de France, Paris, Gallimard.

SAINT- SIMON Comte Henri De, 1991, « La philosophie sociale en France (suite) : Saint-Simon et les Saint-Simoniens », *Histoire de la philosophie III/ XIXe-XXe Siècles*, Paris, PUF, pp.740-750.

VERGEZ André, 1970, *Marcuse*, Paris, PUF.

VIDAL-NAQUET P, 1993 décembre, *« Esprit »,* Paris, revue internationale, n°197.

VIETTA Silvio, 1993, *Heidegger, critique du national-socialisme et de la technique*, trad. Jan Olivier, Paris, Pardès, coll. « Révolution conservatrice ».

VOLANT Eric, 1976, *Le jeu des affranchis-confrontation Marcuse-Moltmann,* Montréal, Fides, coll. « Héritage et projet » N° 18.

WIGGERSHAUS Rolf, 1993, L'École de Francfort, trad. Lilyane Deroche-Gurcel, Paris, PUF.

http://psycha.ru/fr/dictionnaires/laplanche_et_pontalis/voc134.html, 2017, consulté le 20 juin 2017 à 20h 45mn

http://countrymeters.info/fr/United States of America (USA)), 2017, consulté le 3 avril 2017 à 11h55 mn.

TABLE DES MATIÈRES

L'HARMATTAN ITALIA
Via Degli Artisti 15; 10124 Torino
harmattan.italia@gmail.com

L'HARMATTAN HONGRIE
Könyvesbolt ; Kossuth L. u. 14-16
1053 Budapest

L'HARMATTAN KINSHASA
185, avenue Nyangwe
Commune de Lingwala
Kinshasa, R.D. Congo
(00243) 998697603 ou (00243) 999229662

L'HARMATTAN CONGO
67, av. E. P. Lumumba
Bât. – Congo Pharmacie (Bib. Nat.)
BP2874 Brazzaville
harmattan.congo@yahoo.fr

L'HARMATTAN GUINÉE
Almamya Rue KA 028, en face
du restaurant Le Cèdre
OKB agency BP 3470 Conakry
(00224) 657 20 85 08 / 664 28 91 96
harmattanguinee@yahoo.fr

L'HARMATTAN MALI
Rue 73, Porte 536, Niamakoro,
Cité Unicef, Bamako
Tél. 00 (223) 20205724 / +(223) 76378082
poudiougopaul@yahoo.fr
pp.harmattan@gmail.com

L'HARMATTAN CAMEROUN
TSINGA/FECAFOOT
BP 11486 Yaoundé
699198028/675441949
harmattancam@yahoo.com

L'HARMATTAN CÔTE D'IVOIRE
Résidence Karl / cité des arts
Abidjan-Cocody 03 BP 1588 Abidjan 03
(00225) 05 77 87 31
etien_nda@yahoo.fr

L'HARMATTAN BURKINA
Penou Achille Some
Ouagadougou
(+226) 70 26 88 27

L'HARMATTAN SÉNÉGAL
10 VDN en face Mermoz, après le pont de Fann
BP 45034 Dakar Fann
33 825 98 58 / 33 860 9858
senharmattan@gmail.com / senlibraire@gmail.com
www.harmattansenegal.com